# 유럽 연합의 이해

*Understanding*
EUROPEAN UNION

정일영 지음

신아사

## 글을 쓰면서

이 책의 목적은 유럽연합의 전반적 사항에 대한 올바른 이해와 실제로 시행되는 다양한 제도들을 살펴봄으로써 유럽연합에 보다 실용적이고 효율적인 접근을 돕기 위한 것이다.

현재 27개국의 회원국을 가지고 있는 유럽연합은 과거 그 어느 때보다도 정치, 경제, 문화 등의 다양한 분야에 걸쳐 세계 속에 중요한 기능을 하고 있다. 특히, 경제적인 측면에서 단일 통화인 유로화는 달러보다 높은 환율가치를 지니게 되었고 단일시장의 구축을 통해 세계경제에 지대한 영향을 끼치고 있다. 또한 앞으로도 유럽연합의 회원국이 되기 위한 후보국들의 가입 신청으로 인해 그 규모는 더욱 더 거대해질 것으로 전망해볼 때 세계화 속에 빠르게 변화하는 오늘날의 실정을 고려한다면 유럽연합에 대한 올바른 인식과 지식은 매우 중요한 일이 아닐 수 없다.

이 책의 구성은 크게 두 개로 나누어져 있는데 먼저 1부는 유럽연합의 기구와 체제, 그리고 그 기능과 역할에 중점을 두고 있다. 여기서는 27개국의 회원국으로 이루어진 유럽연합이 형성되기까지의 주요 과정들을 살펴보고 다양한 분야에서 유럽연합을 이끌어가고 있는 주요 조직이나 기관들의 구조 및 역할에 대해 비교적 상세히 적어놓았다. 그리고 국기를 비롯, 유럽연합을 상징하는 몇 가지 특성들을 알아보았으며 유럽 내에서 유럽연합이 추구하고 있는 주요정책들도 다루었다. 또한 세계 속에서 유럽연합이 하고자 하는 역할과 이를 위한 주요 방안들이 포함되어 있으며 경제의 가속화를 추진하고 있는 유럽연합의 중심역할을 하는 단일시장과 단일통화에 대해서도 언급하였다.

2부는 유럽연합에서 실제로 시행되고 있는 다양한 제도들 중 우리 생활과 밀접한 내용들을 중심으로 구성되어 있다. 먼저, 유럽연합을 여행할 때 주의해야 할 사항들을 정리해 보았다. 여행시 이용하는 교통과 관련하여 여행객이 가지는 권리와 주의해야 할 사항들에 대해 알아보았고 물건을 구입할 때의 주의사항을 비롯하여 금지품목 등 비교적 상세한 내용을 적어놓았다. 또한 유럽연합 내에서의 세관 운영체제에 대해 살펴보았고 프랑스를 비롯한 유럽연합회원국에서 거주(직장, 유학 등)하는 경우 특히 유의해야 할 사항(체류증, 의료보험, 수당, 사회보험제도 등)을 상세히 나열하여 현장감과 효율성을 높이고자 하였다.

27개국이라는 회원국을 가진 거대한 단합으로서의 유럽연합의 구조나 특성, 그리고 다양한 체제들을 모두 다룬다는 것은 자료의 방대함을 연구함에 있어 시간적으로도 또 능력면에서도 매우 힘들다는 점을 인정해야만 한다. 그러나 최선을 다한 만큼 우선은 이 정도 단계의 분석과 관찰에 만족하며 앞으로 유럽연합에 대한 보다 심도 깊은 연구를 진행할 것을 다짐한다.

저자 정일영

# CONTENTS

## 제1부 유럽연합의 실체와 구조 및 역할

### 제1장 유럽연합의 탄생과 기능



### 제2장 유럽연합의 주요정책

EU

# 제2부 유럽연합에서의 실생활

## 제1장 여행하기



## 제2장 물건 구매하기

## 제3장 세 관



## 제4장 유럽연합국 내에서의 거주, 활동, 생활하기

# 제 1 부

# 유럽연합의 실체와 구조 및 역할

# 제 1 장 유럽연합의 탄생과 기능

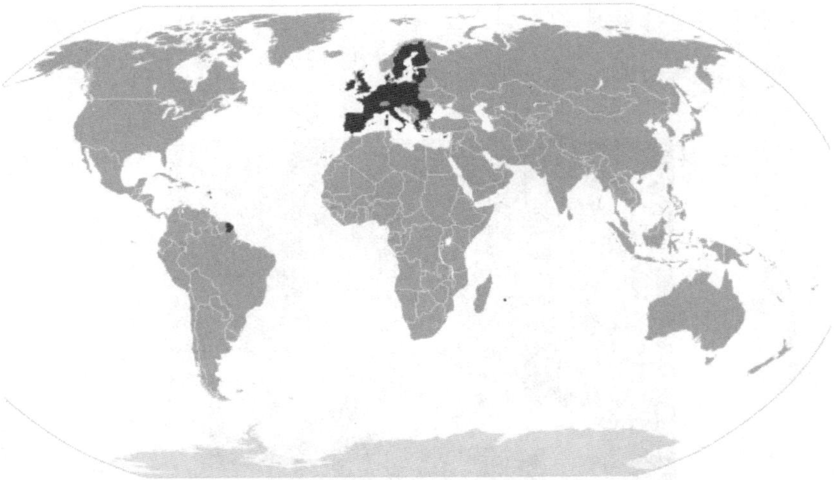

유럽연합은 평화와 번영을 위해 함께 일을 하기로 결심한 민주주의 유럽 국가들의 단체이다. 이것은 현존하는 국가들을 대체하는 기능을 하는 하나의 나라가 아니며 국제적인 협력조직체는 더더욱 아니다. 사실 유럽연합은 그 장르에 있어 매우 독특하다. 유럽연합을 구성하는 나라들은 공통적 관심의 특별한 문제에 대한 결정을 유럽의 관점에서 민주적으로 해결하기 위해 자신들의 주권의 일부분을 양도하는 공동제도를 마련하였다.

역사적으로 유럽연합의 시작은 세계 제2차 대전으로 거슬러 올라간다.

유럽 국가들은 2차 대전의 살인과 파괴의 광란으로부터 영원히 벗어나길 원했다. 초창기에는 6개 나라가 시작하였는데 원칙적으로 상업과 경제면에서 공조체제를 이루었다. 오늘날 유럽연합은 27개국[1])으로 이루어져 있으며 사십 구억의 인구로 구성되어 일상생활에 직접적으로 관계되는 모든 일련의 문제들을 담당하고 있다.

1) 독일, 오스트리아, 벨기에, 불가리아, 키프로스 섬, 덴마크, 스페인, 에스토니아, 핀란드, 프랑스, 그리스, 헝가리, 아일랜드, 이탈리아, 리투아니아, 라트비아, 룩셈부르크, 몰타, 네덜란드, 폴란드, 포르투갈, 체코공화국, 루마니아, 연합왕국(잉글랜드, 스코틀랜드, 북구 아일랜드를 합친 칭호), 슬로바키아, 슬로베니아 그리고 스웨덴의 27개국이다.

유럽은 많은 전통과 다양한 언어뿐 아니라 민주주의, 자유, 그리고 사회정의와 같은 공통된 가치를 포함하는 대륙으로서 유럽연합은 이러한 가치들을 수호한다. 유럽연합은 다양성을 유지하면서 주요한 결정들은 가능한 한 유럽연합 시민들의 권익을 우선으로 하는 동시에 국민들 사이에 협동을 이끌어낸다. 21세기의 세계가 점점 더 상호의존적 관계가 되어가는 오늘날 유럽 시민들이 호기심, 개방과 연대감의 정신 속에서 다른 국가의 국민들과 협동하는 것은 필수적인 사항이 되고 있다.

## 1. 유럽연합이 탄생하기까지의 주요 과정

1950년 5월 9일 프랑스 외무부 장관이었던 로베르 슈만[2)]이 후에 유럽연합의 탄생의 근원이 되었던 생각들을 공식적으로 표명하였는데 5월 9일을 유럽연합의 탄생일로 본다.

로베르 슈만

2) 로베르 슈만은 프랑스 정부관료로서 유럽연합 건설의 아버지라고 일컬어진다. 1886년 6월 29일 프랑스와 룩셈부르크 국경 지대에 있는 로렌마을에서 태어났다. 1871년 로렌지방의 일부가 독일로 포함되면서 독일 국적을 갖게 된다. 그러나 그의 어머니가 독일을 떠나 프랑스인 장-삐에르 슈만과 결혼을 하면서 프랑스 국적을 취득한다. 학창시절 그는 프랑스어와 독일어를 배웠는데 그런 이유로 해서 그의 프랑스어에는 독일 억양이 배어있다. 독일에서 법학 공부를 마친 뒤 1912년 메츠에서 변호사 사무실을 개업한다.
제 4공화국 당시, 그는 위원회 의장과 외무부 장관을 역임하였는데, 세계 제2차 대전이 끝날 무렵 벌어지는 모든 조약에 위대한 협상가로서 명성을 떨쳤다.

### 1) 석탄과 강철에 대한 유럽공동체조약(CECA)

석탄과 철강에 관한 유럽공동체가 제정한 조약은 장 모네가 제안하였는데 1951년 4월 18일 파리에서 벨기에, 프랑스, 이탈리아, 독일연방공화국, 룩셈부르크, 네덜란드가 함께 체결하였고 1952년 7월 23일부터 적용되었는데 2002년 7월 23일 이후 더 이상 존재하지 않는다.

1950년 5월 9일 당시 외무부 장관이었던 로베르 슈만이 발표한 이 조약의 제안은 일 년도 채 되지 않아 이 조약을 승인한 모든 나라에 의해 빠르게 받아들여졌다.

서방국가들의 부의 축적의 가장 중심이 되었던 강철은 세계

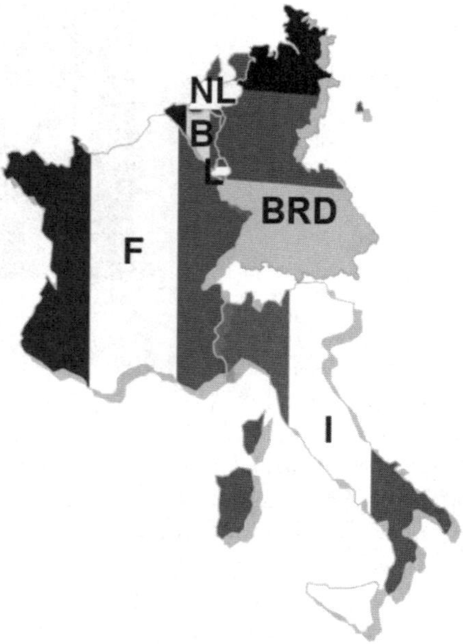

제2차 대전 때 무기제조를 하는데 있어 중요한 역할을 하였다. 이 계획은 프랑스와 독일 사이에 석탄과 강철의 생산과 소비를 공동으로 하자는 것이 주요 골자였는데 곧 유럽의 다른 국가들도 참여하면서 유럽조직체를 형성하게 된다. 여기서는 특히 정치적인 목적이 강하였는데 왜냐하면 전쟁이 끝나고 몇 년 뒤 이 동맹을 체결하면서 두 나라는 적어도 경제적인 면에서 협조와 재 화해를 이끌어냈기 때문이다.

이 조약의 목적은 전쟁산업의 기반이 되는 석탄과 강철의 생산을 조정하면서 세계 제2차 대전에 의해 아직도 상처가 남은 이전의 적국들을 하나로 합치려는 의도가 있었다. 이 조약으로 석탄과 강철의 공동시장이 형성되었고 세관이 없어지고 물품들의 자유로운 왕래가 이루어졌고 양의 제한이 없어졌으며 차별적인 모든 조치들이 사라졌다. 또한 필수품 공급에 대한 통제를 유지하는 나라들에게 자유경쟁원칙은 가장 낮은 가격을 유지할 수 있도록 해주었다.

장 모네

장 모네[3]가 의장을 맡은 룩셈부르크에

3) 장 모네는 프랑스 정부관리로서 세계 제2차 대전 당시 연합군 승리에 기여하였으며 로베르 슈만과 함께 유럽연합의 창시자의 아버지들 중 하나로 손꼽힌다. 심사숙고한 후 행동하는 그의 성격은 외교 협상수단에서 뛰어난 재능을 발휘하게 하였는데 협상에서 그는 존경받기 보다는 효과적이면서 실리주의 정책을 추구하였다. 목표를 정하면 굳은 신념을 가지고 관료주의적 태도가 아니라 실용적 방식을 통해 협상에 응하였다. 1945년 이후 장 모네는 프랑스와 유럽 건설이라는 두 가지 위대한 계획안을 설립한다. 유럽 건설에

있는 고위 정부의 9명으로 구성된 기관은 석탄과 철강에 대한 정책을 수립하는 기능을 하였으며 유럽위원회의 전신이 되었다.

또한 6개국의 수장들이 모인 장관 이사회가 창설되었는데 국회에서 임명한 위원들로 구성된 조직으로 유럽의회의 전신이다. 이 조약은 오늘날 더 이상 존재하지 않지만 1992년 유럽연합이 되는 유럽경제공동체의 기반으로서 로마조약의 선구자 역할을 하였다.

### 2) 로마조약(Traité de Rome)

---

대한 그의 계획은 확실한 신념을 갖고 효과적이며 실리적인 정책을 추구하였는데 국가의 주권에 장애가 오랫동안 유럽 국가들 사이에 장벽을 만들고 있다고 생각한 그는 프랑스와 유럽간의 긴밀한 산업 협조를 꾀하였고 국가를 초월한 유럽연합에 대한 그의 계획을 실현하기 위해 독일의 수상과 만남을 갖는다. 그리고 책임 있는 정치인들과 외무담당자들 그리고 노동조합들과의 회의를 통해 유럽연합을 위한 계획을 토의한다. 프랑스가 재건설과 현대화를 위한 노력을 해야 할 시점이라고 생각한 그는 4공화국 정치인들의 선두주자로서 경제를 되살리기 위한 모든 노력을 기울였다.

1957년 3월 25일 로마에서 유럽공동체들이 체결한 두 개의 조약이 있는데 그 하나가 CEE 또는 CE조약이라 불리는 조약이다. 또 다른 조약은 원자에너지에 관한 조약으로 유라톰이라고도 불리는데 이 두 조약은 유럽연합의 상징적 탄생을 의미한다. 3월 25일 당시 유럽위원회를 주도하던 독일이 베를린에서 조약 선언을 하였는데 프랑스에서 모리스 포르가 의장이었던 명예 이사회는 이 조약에 참여하였고 프랑스에서 유럽지역에 정통한 15명의 전문가들로 구성되었다.

6개국 회원들은 1957년 3월 25일(로마조약) 상품과 서비스의 모든 분야에 걸친 좀 더 광범위한 유럽 경제공동체를 구성할 것을 결정하였다. 산업에 관련된 세관법이 1965년 7월 1일에 완전히 없어졌으며 농업과 상업에 관련된 정책이 주를 이룬 공동정책이 이 10년 동안에 자리를 잡았다.

### 3) 지역발전 유럽기금(FEDER)

6개국의 연합이 성공을 이룬 후 덴마크와 아일랜드, 그리고 왕국연합이 이에 합류하였다. 1973년 6개국에서 9개국으로 공동체가 확장되었고 지역 발전에 관한 지역발전 유럽기금(FEDER)[4]이 만들어

4) 지역발전 유럽기금은 유럽의 구조적 기금으로서 다음과 같은 일에 재정적 지원을 한다 : 지속적인 직업 창출과 유지를 허용해주는 생산품 투자, 스페인의 고속도로나 프랑스의 몽 생미셸의 모래제거 또는 알프스 산맥에 있는 산업 기지 발전과 같은 기초공사에 대한 투자, 지역발전과 직업창출을 목적으로 한 지원 및 중소기업들의 활동과 활성화 방안에 대한 지원, 지역발전에 대한 새로운 해결책을 제시하는 혁신적 활동에 대한 지원. 2007부터 2013년까지, 유럽위원회는 새로 가입한 회원국들이 다른 유럽 회원국들과

지면서 1975년 새로운 사회 · 환경 · 지역정책이 수립되었다.

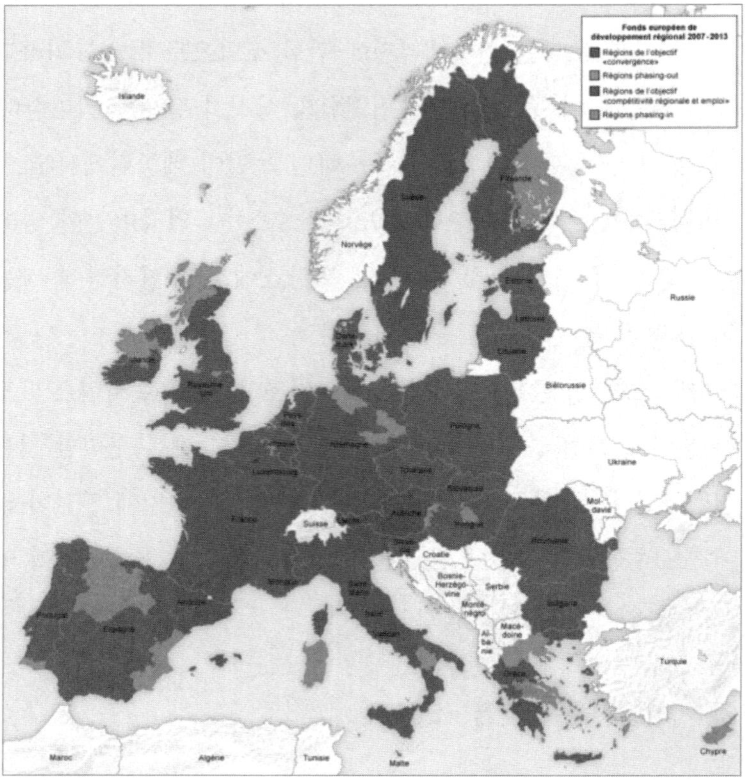


### 4) 자크 들로르의 백서

80년대 초 세계경제 공황에 영향을 받아 1985년부터 유럽의 강력한 도약에 대한 희망이 생겨난다. 당시 위원회의 회장직을 맡았던 자크 들로르[5]의 백서(un livre blanc)[6]를 기반으로 1993년

---

의 격차를 줄이기 위해 혁신, 지속적 발전 그리고 유럽연합 조직망의 접근이라는 세 가지 목표를 두고 이 기구의 방향을 새로 정하고 있다.

1월 1일 거대한 유럽 내수 시장을 만들 것을 결의한다. 이 야심찬 계획은 유럽 단일 강령으로서 1986년 2월에 서명하고 1987년 7월 1일부터 시행에 들어간다.

자크 들로르

---

5) 자크 들로르는 장 모네, 로베르 슈만 그리고 뽈-앙리 스팍 이후 유럽연합의 창시자들의 두 번째 세대에 들어가는 인물로서 유럽의 경제와 통화정책을 주도한 인물이다. 1925년 7월 20일 파리에서 태어난 그는 프랑스 은행에서 근무를 한 후 기독교 노동조합에 가입한다. 1969년 자끄 샤반-델마의 정책위원이 되면서 경제·재정 그리고 사회적 문제와 더불어 사회문화 문제를 담당하게 되고 1974년 11월 사회당에 입당한다.
1979년에 경제와 통화 이사회 의장이었던 그는 유럽의회에 선출된다. 그리고 1981년 재정부 장관에 임명되어 1984년까지 근무한다. 1985년 1월부터 1994년 12월까지 유럽의회의 의장으로서 세 가지 임무를 수행하게 되는데 이것은 유럽연합 건설에 중요한 기틀이 되었다. 1989년 4월 12일 이사회에 제출된 "들로 보고서"는 유럽경제 통화에 대한 문제들을 언급하고 있는데 다음 세 가지가 그 주요 내용이다.
– 통화의 결정적이고도 완전한 전환
– 유럽 통화들 사이의 동등한 평가
– 자본이동에 대한 완전 자율화

6) 1985년 6월 14일 자크 들로르는 이사회에 내수 시장의 완성에 대한 협상계획서 제출하는데 이사회에 제출한 이 "백서"는 1985년 6월 29-30일 밀라노의 유럽이사회의 동의를 얻는다. 310개에 이르는 다양한 조치들로 이루어진 이 백서는 경제회복과 개인, 재산, 자본 그리고 서비스의 자유 왕래를 보장하며 1992년 12월 31일에 시행되는 단일시장과 관련하여 유럽 각 나라의 경제시장을 하나로 합치는 것에 대한 상세한 조치들이 포함되어 있다.

### 5) 마스트리슈조약[7)]

1990년 10월 독일의 통합으로 베를린 장벽이 무너지고 소련 연방국으로부터 독립한 중부유럽과 동부유럽 국가들의 민주화와 1991년 12월 소련연방 자체가 붕괴되면서 유럽 대륙의 정치구조를 완전히 바꾸어 놓았다.

1992년 2월 7일 마스트리슈에서 체결된 조약은 유럽공동체의 단일시장이라는 경제적 목적을 띠고 있는데 유럽 국민들 간의 좀 더 밀접한 단합의 절차에 있어서 새로운 단계에 발을 내딛게 된다. 1993년 11월 11일, 유럽공동체의 12개의 회원국들(독일, 벨기에, 덴마크, 스페인, 프랑스, 그리스, 아일랜드, 이탈리아, 룩셈부르크, 네덜란드, 포르투갈 그리고 연합왕국)이 유럽연합을 결성

---

7) 마스트리슈조약의 중요한 특징은 통화동맹결성의 목표를 로마조약(EC설립조약)에 명시했다는 점과 시행시기가 명시되어 있지 않던 들로르보고서의 단계적 접근방법에 시한을 덧붙임으로써 계획의 연기나 후퇴를 불가능하게 했다는 점에 있다. 구체적으로 1994년 1월로 명시된 제2단계 이행과정에 유럽중앙은행의 전신으로서 유럽통화기구(EMI)를 설립하도록 하고 있다. 그리고 공동체기관에 경제통화주권의 이양이 이루어지는 제3단계 이행을 위해 협정에서는 각국의 경제실행 정비를 필수조건으로 들며, 그 정비 상황을 가늠하는 4가지 판단기준을 제시하고 있다. 또한 제3단계 이행에 관해 EC위원회와 EMI는 재무장관이사회에 보고서를 제출하도록 되어 있다 :
즉 ① 중앙은행의 독립성 등에 관한 각국의 국내법 규정이 조약과 모순되는지 여부 ② 각국의 경제가 정비판단기준을 충족시키고 있는지 여부 등에 관해 보고해야 한다. 보고를 받은 재무장관이사회는 1996년 말까지 적격국이 과반수를 넘는지 판단하여 조건이 충족된 경우에는 1997년 1월부터 제3단계 이행을 결정할 수 있다고 되어 있으나, 실현되지 않았다. 조약에 의하면 적격국이 과반수에 미치지 못한 경우라도 적격국은 1999년 1월에는 제3단계로 이행하도록 되어 있으며, 이에 따라 11개국에서 예정대로 통화통합이 이루어졌다. 조약은 1993년 11월 발효되었다. 종래 EC 위원회는 조약의 발효와 함께 유럽위원회로 불리게 되었다.

하게 되는데 여기에서 3가지 주요 행동 강령이 결정된다.

- 유럽공동체로서 CEE를 대신하며 유럽공동체 CECA와 ERratom을 합친 국가를 초월한 확장된 경쟁력을 지닌다.
- 외교정책과 공통안전정책에 대한 협조
- 내부적 사정과 사법에 대한 협조

### 6) 코펜하겐 기준(Critères de Copenhague)

코펜하겐 기준은 유럽연합에 가입하려는 회원국의 전반적인 조건에 대한 규정이다. 이 규정들은 1993년 6월 코펜하겐에서유럽연합에 회원국이 되길 원하는 동부유럽과 중앙유럽에 속하는 나라들에 대한 조건을 위해 유럽이사회에 의해 정해졌다. 1989년 베를린 장벽이 무너지고 난 후 이전 공산국가들이 국가들(Bulgarie, Estonie, Hongrie, Lettonie, Lituanie, Pologne, Roumanie, Tchécoslovaquie et Slovénie) 개방을 맞게 된다. 이러한 개방은 유럽공동체와 중앙유럽과 동부유럽 국가들 사이의 외교적 관계의 설립을 구체화시키는 계기가 된다. 이 국가들의 경제 부활과 개혁 그리고 재정적 지원 계획은 PHARE 계획이라는 이름으로 실시된다. 1990년 초 경제적 상호교환을 강화하기 위해 조약이 체결된다.

코펜하겐의 유럽이사회는 새로운 국가가 가입하기 위해서는 다음과 같은 조건을 충족시켜야 할 것을 명시하고 있다.

– 법치국가로서 민주주의, 인권 그리고 소수의 존경과 보호를 보장하는 안정된 제도를 지닐 것
– 유럽연합 내부에서 경쟁압력과 시장의 영향력에 맞설 능력이 있는 지속성 있는 시장의 경제를 갖출 것
– 유럽연합의 경제 그리고 통화와 같은 목적에 순응할 수 있는 의무사항을 준수할 능력이 있을 것

### 7) 니스조약(Traité de Nice)

니스조약은 2001년 1월 26일 유럽연합회원국들 간에 체결된 조약이다. 이 조약은 유럽이 확장되어질 경우 취해야 할 체제의 변형 원칙과 방법을 정해놓고 있다.

2004년 초 투표수의 분할체제는 다음과 같다.

독일, 프랑스, 이탈리아, 연합왕국 : 10표
스페인 : 8표
벨기에, 그리스, 네덜란드, 포르투갈 : 5표
오스트리아, 스웨덴 : 4표
덴마크, 핀란드, 아일랜드 : 3표
룩셈부르크 : 2표

다수결 표는 87표 중 62표를 모아 71.2% 가 되거나 반대표의 최소수가 26표에 이르러야 한다. 오늘날 다수결 원칙은 균형잡힌 투표체제에 근거를 두는데 어떤 법안이 통과되려면 찬성을 받은 전체 투표가 적어도 다수결이라고 할 수 있는 투표수에 이르러야 하는데 적어도 10개 회원국으로부터 찬성표에 해당하

는) 62표를 받아야 한다. 최소 반대표는 3개의 주요 회원국 또는 2개의 주요 회원국과 스페인의 표를 얻어야 한다.

니스조약은 기존의 투표제도를 변형하고 2004년 11월 1일부터 적용될 수 있는 새로운 절차를 마련한 것이다. 다음 세 가지 조건이 만족되는 경우 법안은 다수결 원칙에 의해 채택된다.

- 유럽연합회원국이 25개국인 경우 찬성표가 321표 중 232표(즉 72.2%), 그리고 회원국이 27개국인 경우 345표 중에 255표(즉 74%).
- 25개국인 경우 13개의 회원국, 그리고 27개국인 경우 14개 회원국의 동의를 얻을 것.
- 유럽연합 시민들의 적어도 62%가 넘는 지지표를 얻을 것. 그러나 이는 회원국 전체가 모인 가운데 결정된 사항일 경우에만 적용된다.

2004년 11월 1일부터 25개국에 대해 다음과 같이 국가별로 투표수가 할당된다.

독일, 프랑스, 이탈리아, 연합왕국 : 29표
스페인, 폴란드 : 27표
네덜란드 : 13표
벨기에, 그리스, 포르투갈, 체코 공화국, 헝가리 : 12표
오스트리아, 스웨덴 : 10표
덴마크, 핀란드, 아일랜드, 슬로바키아, 리투아니아 : 7표
룩셈부르크, 라트비아, 슬로베니아, 에스토니아, 키프로스 : 4표
말트 : 3표

다수결의 표는 321 중 232표(투표의 75.2%)이거나 회원국의 3분의 2가 찬성했을 경우에 해당하는데 이는 전체 인구의 62%이며 최소한의 반대표는 90표이다.

회원국이 27개국인 경우 같은 국가별로 동일한 표수를 갖지만 불가리아는 10표, 그리고 루마니아가 14표를 갖게 된다. 따라서 다수결 표는 345표 중 255표(74%)가 되고 전체 인구수의 62%이며 최소 반대표는 91%가 된다.

2007년에 해당하는 국가별 표수는 다음과 같다.

독일 30표
프랑스 : 27표
연합왕국 : 26표
이탈리아 : 25표
스페인 : 22표
폴란드 : 20표
네덜란드 : 13표
그리스, 벨기에 :  11표
헝가리, 포르투갈, 체코 공화국 : 11표
오스트리아, 스웨덴 : 10표
덴마크, 핀란드 : 8표
아일랜드, 슬로바키아 : 7표
리투아니아 : 6표
라투비아, 슬로베니아 : 5표
에스토니아 : 4표
키프로스 : 3표
룩셈부르크, 말트 : 2표

### 8) 리스본전략(La "Stratégie de Lisbonne")

유럽인들은 세계화의 다양한 도전에 대처해야 했는데 기술진보의 가속화와 인터넷의 사용증가는 경제의 현대화에 중요한 몫을 차지하게 되었다. 그러나 경제 조직이 겪는 심각한 교체현상은 또한 사회적 분열과 문화적 충격을 초래하였다.

2002년 3월에 유럽연합이 채택한 리스본전략[8]은 세계경제의 새로운 조건에 유럽 경제를 적응시키려는 목적을 갖고 있다. 유럽연합은 미국 또는 새로운 산업국가들과 경쟁을 해야 하며 기업들에 대한 개혁과 투자 그리고 정보사회에 대한 교육체제를 갖추어야 될 필요성을 절실히 느끼게 된다.

개혁은 퇴직연금제도의 증가하는 비용과 실업의 위협이 유럽 회원국들의 경제에 지대한 영향을 미치게 됨으로써 반드시 이루어져야 할 과제였다. 사람들은 점점 더 이 문제를 해결할 수 있는 실질적 방안을 요구하였다. 그리고 과거 소련 연방공화국이 붕괴되면서 불가리아, 헝가리, 폴란드, 체코공화국, 루마니아, 슬로바키아와 에스토니아, 리투아니아, 슬로베니아 그리고

---

8) 리스본에 있는 유럽위원회는 2010년까지 유럽연합이 지속적인 경제성장과 함께 세계에서 가장 경쟁력이고 역동적인 경제를 주도할 것을 목적으로 하는 전략 목표를 정하였고 이러한 목표를 달성하기 위해 다음과 같은 전략을 세웠다 : 내부시장의 완성과 혁신 그리고 경쟁력을 강화하기 위한 구조적 개혁의 가속화와 더불어 정보와 연구 그리고 발전의 필요성에 가장 잘 부합할 수 있는 정책을 통해 사회와 경제로의 전환을 준비할 것. 사회적 배척에 대항하면서 인간중심적 자본에 투자를 함으로써 유럽 사회의 모델을 현대화할 것. 거시경제적 정책을 법적으로 정착시킴으로써 경제의 변천 조건과 성장 요인을 유지할 것

키프로스 등이 90년대 중반 유럽연합의 회원국이 되었는데 대륙의 안정과 통합 유럽의 혜택이 확산되길 바라는 마음으로 1997년 12월 룩셈부르크에서 가입에 대한 타협이 이루어졌다. 그리고 2004년 5월 1일 유럽연합국은 25개국이 되었으며 불가리아와 루마니아가 2007년 1월 1일 그 뒤를 이었다.

## 2. 유럽연합의 현황

유럽연합이 생긴지 50년이 되면서 새로운 회원국들이 가입을

원하고 있는데 2004년 5월 회원국은 15개국에서 25개국으로 늘어났다. 그리고 불가리아와 루마니아가 2007년에 유럽연합에 가입[9]하였다.

모든 유럽 국가들은 법의 우선권, 인간의 권리에 대한 존중 그리고 소수의 보호를 보장하는 안정된 민주주의를 추구한다는 조건 하에 유럽연합에 가입할 수 있다.

또한 현재 수행하는 시장경제정책을 받아들여야 하며 국가 행정이 유럽 법을 적용할 수 있는 능력이 있어야 한다. 한 국가가 유럽연합에 가입할 후보 의사를 밝힌 시기와 실제 유럽연합에 가입한 시간 사이의 기간이 10년 또는 그 이상이 될 수도 있다. 일단 가입조약이 체결되면 유럽의회와 후보국의 의회, 그리고 유럽연합의 모든 회원국들에 의해 인준을 받아야 한다.

### 1) 유럽연합 회원국과 가입년도

1952 독일, 벨기에, 프랑스, 이탈리아, 룩셈부르크, 네덜란드
1973 덴마크, 아일랜드, 연합왕국
1981 그리스
1986 스페인, 포르투갈
1995 오스트리아, 핀란드, 스웨덴
2004 키프로스, 에스토니아, 헝가리, 라트비아, 리투아니아, 몰타, 폴란드, 슬로바키아슬로베니아, 체코공화국
2007 불가리아, 루마니아

---

9) 크로아티아, 터키, 유고슬라비아 등이 유럽연합에 가입하기 위한 잠재적 후보 국가들이다.

유럽연합은 필요한 민주적, 경제적 그리고 정치적 기준을 충족시키는 모든 유럽 국가들에게 개방되어 있다. 여러 번의 확장 이후 유럽연합은 6개국에서 27개국의 회원국이 되었으며 다른 나라들도 현재 가입 후보국들이다. 가입조약에 대해 만장일치로 승인하기 전, 유럽연합은 가입을 원하는 국가 고유의 병합 능력과 제도의 기능을 확인해야 한다.

유럽연합의 계속적인 확장은 민주주의를 강화하고 유럽 대륙의 안전을 안정시키며 경제적 상승과 잠재적 상호교류를 확장시키고자 하는 목적을 가지고 있다.

### 2) 25개국의 유럽

2002년 12월 코펜하겐에서의 회의에서 유럽의회는 유럽 통합 절차에 대한 유럽연합의 역사에서 가장 중요한 단계 중 하나를 뛰어넘었다. 2004년 5월 1일 새로운 10개의 나라를 가입시키기로 결정하면서 15개국은 단지 지형학적 면적이나 유럽연합 시민의 인구수에서만 늘어난 것이 아니었다. 이들은 1945년부터 민주진영과 공산진영으로 갈라져 있던 대륙의 단절에 종지부를 찍었다.

이 5번째 확장은 정치적, 그리고 도덕적 효력을 갖게 되었는데 지형학적 상황, 문화, 역사를 통해 불가리아, 헝가리, 폴란드, 체코공화국, 루마니아, 슬로바키아와 에스토니아, 리투아니아, 슬로베니아 그리고 키프로스와 같은 유럽 국가들에게 유럽 민주주의 집단에 합류하고 선조들의 위대한 계획에 동참할 수 있게 하였다.

### 3) 추가 확장

불가리아와 루마니아가 1995년 가입 후보국이 되었는데 이 두 나라의 경우 가입절차가 다른 10개국보다 더 오래 걸렸지만 마침내 2007년 1월 1일 27개국 유럽연합에 합류하게 되었다.

### 4) 다른 후보국들

북부대서양조약기구 회원국(OTAN)이자 1963년부터 유럽공동체 참가국인, 터키가 1987년부터 가입 후보국이다. 터키의 지형학적 상황과 정치 역사로 인해 유럽연합회원국이 되고자 했던 요구에 대한 긍정적인 답변을 받는데 오랜 시간이 걸렸다. 그러나 마침내 2005년 유럽이사회는 또 다른 가입 후보국인 크로아티아와 함께 가입협상을 논의했다. 그러나 아직 이 두 나라의 유럽연합 가입조약에 대한 확실한 결정이 이루어진 것은 없다.

### 5) 서 발칸반도의 국가들

원칙적으로 옛날 유고슬라비아 연방국에 속해 있던 이 국가들 역시 경제적 복구와 인종, 그리고 종교전쟁으로 인한 오랫동안 상호 적대관계의 정상화를 가속화하고 민주제도를 견고히 하기 위해 유럽연합 쪽으로 돌아서고 있다. 유럽연합은 2005년 12월 마케도니아의 이전 유고슬라비안 연방공화국이었던 나라들에게 유럽연합 후보 회원국이 되는 것에 동의하였다. 잠재 후보국은 알바니아, 보스니아와 헤르제고비나, 몬테니그로 그리고 세르비아다.

### 6) 유럽연합의 가입

#### (a) 법률상의 기준

로마조약 237조항에 "모든 유럽 국가는 유럽공동체의 회원국이 되기 위한 요구를 할 수 있다"라고 규정하고 있다.

마스트리슈조약의 F항에는 모든 회원국들이 민주주의적 원칙에 근거한 정부체계를 가지고 있다고 명시하고 있다.

#### (b) 코펜하겐 기준(Les "critères de Copenhague")

1993년에 유럽연합에 가입하려는 옛날 공산주의 국가들의 요구에 대해 유럽연합은 가입조건으로 다음 세 가지 기준을 지킬 것을 명시하였다.

- 민주주의, 법의 우선권, 인권의 존중 그리고 소수의 보호를 보장하는 안정된 제도를 지녀야 한다.
- 유럽연합 내부의 시장과 상업적 압력에 맞설 수 있는 실현성 있는 시장경제를 지녀야 한다.
- 가입에 따른 의무를 수행할 수 있는 능력과 특히 유럽연합의 목표에 수긍할 수 있어야 한다. 또한 가입을 원하는 국가는 유럽 법률을 적용할 수 있는 공공행정력을 보유해야 한다.

#### (c) 가입절차

가입협상은 각 후보국과 유럽연합을 대표하는 유럽위원회 사이에 이루어진다. 유럽연합의 새로운 회원국으로 가입하기 위한 결정은 위원회의 의견 후 조율되며 의회에 모인 회원국들의 만장일치는 이를 구성하는 회원국들의 절대 다수에 해당하는 의견을 제시해야 한다. 모든 가입조약은 신뢰할 수 있는 입법절차에 따라 회원국들과 후보국들에 의해 재가를 받아야 한다.

후보국들은 유럽연합회원국이 되기 위한 타협 기간 동안 낙후된 경제력을 끌어올리는 것을 용이하게 해주는 원조를 제공받게 된다. 선가입 전략은 총 41억 유로의 돈을 지원하는 것을 포함하고 있는데 새로운 회원국에게 새 회원국으로서의 의무를 수행할 수 있도록 해주는 구조적 행위를 지원하는 데 그 목적이 있다.

대부분의 회원국에서 유럽헌법에 대한 조약 인증을 포함하는 논쟁은 유럽연합의 최종 국경과 자신들의 정체성에 대한 유럽인들의 의견에 대한 의문점을 보여주었다. 문제에 대한 답은 그렇게 쉽지 않으며 회원국들 또한 지정학 또는 경제적 관심에 대해 동일한 인식을 가지고 있지 않다. 발트 반도의 국가들과 폴란드는 우크라이나 가입에 대해 별문제를 제시하지 않지만 터키는 그루지야나 아르메니아처럼 코카서스 산맥의 몇몇 국가들의 입장에 대해 틀림없이 의문을 제기할 것이다.

아이슬란드, 리히텐슈타인, 노르웨이 그리고 스위스는 비록 가입조건을 충족시킨다 하더라도 유럽연합회원국이 될 수 없는데 왜냐하면 국민들의 의견이 유럽연합에 가입하는 것을 원하지 않기 때문이다.

러시아가 현재의 정치적 구도 안에서 정치적 그리고 지형학적으로 균형을 이루지 않고는 유럽연합회원국이 될 수 없다는 것은 명백한 일이다. 2003년 니즈 조약이후 초대 27개국 회원국에 대해 유럽연합의 현재 법이 시행중인데, 27개국이 넘게 되는 경우 법률을 중심으로 회원국들 사이에 관계를 정의하는 새로운 국제정부차원의 협상이 이루어져야 한다. 조약의 기본 원칙에 따라 기능하는 유럽연합의 능력은 30개국 이상일 경우에 행위능력을 유지할 수 있도록 하기 위해 심도 깊게 논의되어야 한다. 게다가 사용되는 공식언어에 대한 문제 역시 민감하다. 2007년에 불가리아와 루마니아가 가입함으로써 유럽연합의 공식언어는 21개 언어에서 23개 언어로 늘어났다.

인근 국가들과의 관계를 위해 유럽연합은 후보 회원국이건 아니건 간에 동일한 정치적 노선을 취해야 한다. 타협절차의 경우 협력과 안정협약(AAS)은 유럽연합에 가입할 후보국으로서의 가능성을 열어놓고 있다. 첫 번째 협약이 크로아티아와 마케도니아 산맥의 옛날 유고슬로비아 공화국과 체결되었고 그 후 알바니아와 체결되었다. 이 협약의 내용에 따른 가입 후보국으로 보스니아와 헤르제고비나, 몬테니그로 그리고 세르비아가 후보국이 될 수 있다.

“인근국가들의 정책”에 따른 협약은 남부 지중해 연안의 국가들과 남부 코카서스 산맥의 국가들 그리고 유럽연합에 피선거 자격이 있는 것으로 선언하지 않은 동 유럽 국가들과 관계된다.

## 3. 유럽연합의 조직

### 1) 유럽이사회(Conseil européen)

유럽이사회는 유럽위원회의 회장과 유럽연합의 27개국 회원국의 정부 책임자나 대통령의 정상을 지칭한다. 이사회에는 외무부 장관과 위원회 의원이 참석한다. 첫 번째 회담은 1961년에 열렸으며 1974년 12월 9일과 10일에 프랑스 대통령이었던 지스까르 데스땡의 의도로 유럽 경제공동체의 정상회담이 파리에서 열렸다. 이사회는 적어도 일 년에 두 번씩 열리는데 이사회 의장직을 맡고 있는 나라에서 비공식적으로 열리기도 한다. 이 회의는 유럽연합정책의 주요한 틀을 결정하는 것을 목표로 하고 있다(특히 외교에 관한). 유럽이사회는 또한 유럽위원회의 의장을 매 5년마다 결정한다.

유럽위원회 의장은 6개월에 한번씩 회원국에서 돌아가며 맡고 있다. 매년 1월 1일와 7월 1일에 교체되며 의장직을 맡는 사람은 국가의 대통령이다. 유럽 헌법에서 유럽위원회 의장의 임기를 2년 반으로 할 것을 준비하고 있는데 사실 돌아가면서 의장직을 맡는 것은 27개국의 회원국이 있는 유럽연합에서 소화하기란 쉽지가 않다. 결국 회원국에서 의장직은 매 13년 반마다 맡게 된다.

2004년까지 유럽이사회는 보통 2일간 진행되었는데 이사회 의장이 속한 나라에서 개최되었다. 2003년 2월 니스조약 이후, 일 년에 두 개의 이사회가 브뤼셀에서 회의를 개최하였는데 2004년 5월

1일부터는 모두 브뤼셀에서 열리고 있다. 유럽이사회는 유럽연합회원국들의 대통령과 유럽위원회 의장이 참석한다.

정부 또는 국가 원수들은 외무부 장관과 유럽위원회 의원을 동반할 수 있는데 이 의원은 보통 외교관계를 담당하는 장관[10]이다. 재정경제부 장관은 단일화폐에 관련된 회의에 참석한다. 결정은 정상회담 훨씬 이전에 회원국들 사이에 협상에 의한 합의로 결정된다. 유럽이사회의 결정이 사법적인 가치를 갖는 것은 아니며 이를 위해서는 유럽위원회의 제안과 유럽의회의

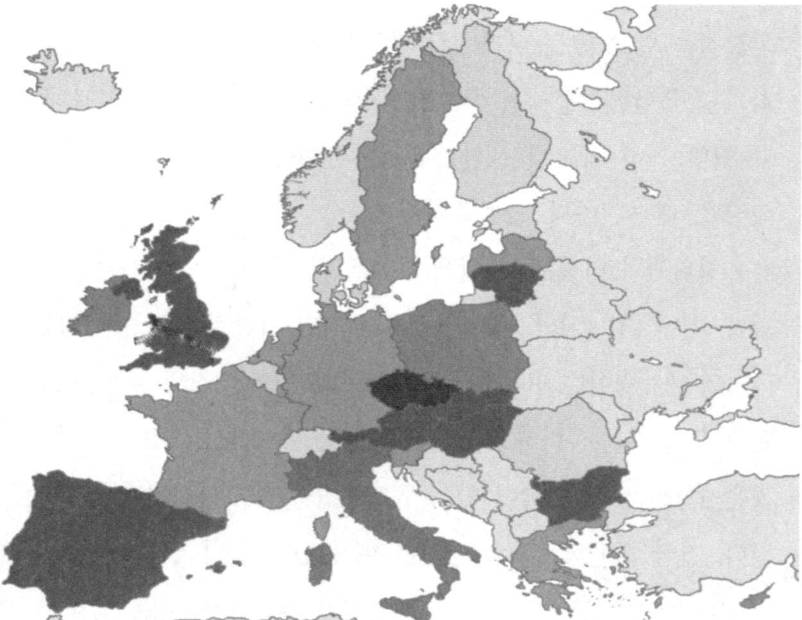

10) 유럽이사회의 참석자들은 다음과 같다. 유럽연합회원국 정부의 수반들, 유럽위원회 의장과 의원들 중 한 명, 유럽연합회원국의 외무부 장관, 유럽이사회의 사무총장, 유럽의회 의장과 의장의 특권에 따른 다른 공무원들

투표를 거쳐야 한다. 건의된 안건은

**각 국가에 배당된 위원회에서의 투표 수**

독일, 프랑스, 이탈리아, 연합왕국 : 29표
스페인, 폴란드 : 27표
루마니아 : 14표
네덜란드 : 13표
벨기에, 체코공화국, 그리스, 헝가리, 포르투갈 : 12표
오스트리아, 불가리아, 스웨덴 : 10표
덴마크, 아일랜드, 리투아니아, 슬로바키아, 핀란드 : 7표
에스토니아, 키프로스, 라투비아, 룩셈부르크, 슬로베니아 : 4표
몰타 : 3표

총 합계 : 345표

345표 중 최소 255표(즉 73.9%)를 얻어야만 인정받는다. 게다가 모든 결정은 회원국의 다수결(경우에 따라 3분의 2)의 동의를 얻어야 한다. 모든 회원국들은 찬성표 수가 유럽연합 전체 인구(la population totale)의 62%가 되는지를 확인해 달라는 요구를 할 수 있다.

마스트리슈조약은 유럽연합위원회에서 일치점을 찾지 못하는 논쟁의 문제에 대한 중재 역할과 유럽연합의 주요정책안의 압력 기관으로서 유럽이사회의 기능을 강조하고 있다.

## 2) 유럽의회(Parlement européen)

유럽의회는 법절차에 참여하는 유럽연합의 정치조절기관인 동시에 민주적 표현기관이다.

유럽의회는 1979년 이후 매 5년마다 유럽 시민들에 의해 직접 선거로 선출되는 유럽연합의 상설 기관으로서, 장관 이사회와 함께 유럽 사법제도의 중요한 역할을 한다. 의회는 프랑스의 스트라스부르그에 위치해 있으며 보조 위탁기관들은 브뤼셀에 있고 사무국은 룩셈부르크에 있으며 현재 785명의 의원들로 이루어져 있다. 의회는 강령과 규칙을 정하는데 참가하며 유럽제도의 활동을 조정한다. 유럽장관 이사회는 매 6개월마다 의장을 바꿔가며 의회활동에 대한 권리가 있다. 반면 의회는 유럽이사회를 견제하며 유럽위원회의 제안에 따라 위원회 의장을 선출한다. 의회는 위원회의 구성에 동의하며 불신임 결의를 통해

위원회 의원의 사임을 요구할 수 있다. 또한 유럽연합의 예산에 투표한다.

OSCE나 유럽이사회, 그리고 서방 유럽연합과 같은 다른 단체들 역시 의회를 가지고 있지만 유럽의회는 다른 유럽기관들과는 달리 국민들에 의해 직접 선출되며 사법독립권을 가지고 있다. 이 기관들의 의원들은 국회에 의해 임명된다. 2003년 1월 1일에 체결된 니스조약은 유럽의회의 구성과 조직에 변형을 가져왔으며 현재 27개국으로 구성되어 있다(25국에 2007년 1월 1일에 가입한 불가리아와 루마니아가 회원국이 됨).

## 2007년-2009년 유럽의회 의원들의 수

독일 99 오스트리아 18 벨기에 24 불가리아 18
키프로스 6 덴마크 14 스페인 54 에스토니아 6
핀란드 14 프랑스 78 그리스 24 헝가리 24
아일랜드 13 이탈리아 78 라투비아 9 리투아니아 13
룩셈부르크 6 몰타 5 네덜란드 27 폴란드 54
포르투갈 24 체코공화국 24 루마니아 35 연합왕국 78
슬로바키아 14 슬로베니아 7 스웨덴19

총 785

2007년 1월 1일부터 유럽의회는 유럽연합의 27개국을 대표하는 총 785명의 의원으로 구성되어 있다. 유럽의회는 유럽연합의

49억 2천만 시민을 대표한다. 의원들은 매 5년마다 보통선거에 의해 선출된다. 의석의 할당이 전적으로 인구 비율에 따라 정해지는 것은 아닌데 예를 들어 규모가 작은 나라들(룩셈부르크, 몰타, 키프로스) 역시 회원국들의 수에 적어도 5분의 1에 해당하는 의원 좌석수를 가질 수 있거나 최소한 5명의 의원을 둘 수 있다.

의회는 다른 사법기관과는 달리 법을 제안할 수는 없다. 그러나 일단 법안이 상정되면 이 법규는 의회와 이사회의 동의를 받아야 한다. 의회는 유럽의 법령의 4분의 3에 해당하는 내용들을 공동결정 절차에 따라 변형하거나 막을 수 있다. 또한 의회는 유럽연합의 예산을 조정한다.

유럽위원회 의장은 유럽이사회에 의해 선택되지만 이 선택은 의회의 동의를 얻어야 한다. 위원회의 다른 의원들은 의장에 의해 결정된다. 의회는 위원회 구성원에 대해 수락하거나 거절할 수 있다. 유럽의회는 유럽의 모든 활동을 민주적인 방법으로 감시하는 기능을 한다. 의회가 불신임 결의안을 채택하는 경우 위원회 전체는 사임을 해야 하는데 이 불신임결의안은 의회 3분의 2가 동의했을 때만 가능하다.

의회와 이사회는 또한 수백억 유로에 해당하는 유럽연합의 년 예산의 동의에 대한 책임을 공유한다. 유럽의회 의원들은 국가별로 의석을 차지하고 있는 것이 아니라 유럽 차원의 7개의 정치 집단으로 분산되어져 있다. 이들 중 가장 많은 의석을 차지하는 것이 유럽인민당(le Parti populaire européen)이며, 사회당원들(les Socialistes), 자유당원들(les Libéraux), 녹색당원들(les Verts)이 그 뒤를 잇는다. 유럽의회 의원들은 유럽 통합에 대한 모든 입장을 대변한다.

유럽의회의 주 회의는 스트라스부르그에서 개최되며 다른 회의들은 브뤼셀에서 열린다. 다른 유럽기구들처럼, 유럽의회는 유럽연합의 23개의 공식언어로 진행된다.

### 3) 유럽위원회
(La Commission européenne)

유럽위원회는 유럽연합의 관심사를 대표하고 수호한다. 이

기구는 정부와는 독립되어 있으며, 새로운 유럽 법안을 만든다. 이 기관은 유럽연합의 정치가 올바르게 시행되고 있는지를 관리하고 유럽 자금이 사용되어지는 방법을 감독한다. 또한 유럽 조약을 잘 지키고 있는지와 공동체 법을 준수하는지를 감시한다. 위원회는 위반자들에 대해 필요한 경우 법정에 세울 수 있다.

위원회는 유럽 회원국마다 한 명의 위원들로 총 27명의 남녀로 이루어져 있다. 이들은 대략 2만 4천명의 공무원들을 직원으로 두고 있는데 대부분 브뤼셀에서 근무한다. 위원회의 의장은 유럽연합회원국 정부에 의해 지명되며 유럽의회의 동의를 거쳐야 한다. 다른 위원들은 자국 정부에 의해 지명되며 의회의 동의를 거친다. 이들은 자국 정부를 대표하지는 않으며 이들 각자는 유럽연합이 해야 할 정치를 담당하게 된다. 위원회 의원과 의장의 임기 기간은 5년인데 유럽의회 의원들의 임기와 동일하다.

### 4) 법정, 재판소 : 법의 우선권

재판소의 역할은 법이 유럽연합의 모든 국가에서 동일한 방식으로 적용되고 해석되고 있는지를 감독하는데 있다. 예를 들어 국내법이 동일한 문제에 대해 다른 판결을 내리지 않는지를 감독한다. 재판소는 또한 유럽연합 기구의 모든 국가들이 법이 요구하는 데로 잘 시행하고 있는지를 감시한다. 재판소는 룩셈부르크에 있으며 각 회원국 판사로 구성되어 있다.

### 5) 회계감사원(La Cour des comptes)

1975년 7월 22일 브뤼셀조약을 시작으로 1977년 10월부터 기능을 한 유럽 회계감사원은 유럽연합회원국에서 나온 의원들로 이루어져 있다. 위원들의 임기는 6년이며 재임할 수 있다. 위원은 자국에서 외부통제기관에 속하거나 이러한 기능에 있어 특별한 능력을 갖춘 사람으로 이루어진다.

위원들은 유럽공동체의 이익에 대해 완전 독립적인 기능을 하는데 다른 어떠한 외부 기관의 명령을 따르거나 받아들여서는 안 되며 자신의 활동의 특성과 어울리지 않는 모든 행동은 삼가해야 하고 또 다른 어떠한 직업을 가져서도 안 된다. 이러한 규칙들을 어길 시에는 재판소에 의해 해임될 수 있다. 위원들은 유럽의회에 자문을 거친 후에 이사회에 의해 임명될 수도 있고 각 회원국에서 추천할 수도 있다. 유럽 회계감사원은 유럽공동체 기관(유럽위원회, 유럽의회, 유럽연합 이사회, 재판소, 유럽 투자은행)의 모든 수입과 지출에 관한 내용을 조사할 수 있다. 검사원은 유럽기관들의 신뢰도, 수입과 지출의 적법성과 정확성 그리고 올바른 재정 경영을 확실하게 하기 위해 이러한 감사를 한다.

감사원은 각 회원국에서 거둬들인 유럽 자금이 사용되어지는 목적에 남용되지 않고 합법적으로 지출되고 있는지를 감독한다. 감사원은 룩셈부르크에 있으며 모든 조직 또는 유럽 자금을 관리하는 모든 기업의 회계를 조사할 권한을 갖는다.

### 6) 경제사회위원회

344명으로 구성된 경제사회위원회는 고용자, 조합원, 소비자 또는 환경보호론자들과 같이 가장 많은 관심 대상의 집단을 대표한다. 위원회는 직업, 사회 비용, 직업고용에 관련된 공동체의 결정에 대해 의견을 내놓는 기능을 하는 자문기관이다.

### 7) 지역위원회(Le Comité des régions)

1994년 3월 9일에 마스티리슈조약을 시작으로 지역위원회는 유럽연합의 지역과 지방집단을 대표하는 기관이다. 지역위원회는 344명의 의원들로 구성되어 있는데 국가별로 다음과 같다.

독일, 프랑스, 이탈리아, 연합왕국 : 24
스페인, 폴란드 : 21
루마니아 : 15
오스트리아, 벨기에, 불가리아, 그리스, 헝가리, 네덜란드, 포르투갈, 체코 공화국, 스웨덴 : 12
덴마크, 핀란드, 아일랜드, 리투아니아, 슬로바키아 : 9
에스토니아, 라투비아, 슬로베니아 : 7
룩셈부르크, 키프로스 : 6
몰타 : 5

니스조약에 따라 지역위원회는 최대 350명을 넘을 수 없다. 의원들은 회원국들의 추천에 대해 만장일치로 이사회에 승인을 거쳐 4년간 일한다. 2003년 니스조약에 따라 의원들은 지역선거를 통해 당선되는데 재임될 수 있다. 그러나 이들은 유럽의회의 의원을 겸임할 수 없다. 각 국가들은 고유의 방식에 따라 의원들을 선출하는데 이들은 회원국들의 정치적 · 지리학적 그리고 지역적 균형을 위해 일을 한다. 지역위원회는 의무적으로 지역 집단의 책임과 직접적으로 연관이 있는 10개의 분야(교육, 직업교육과 젊은이, 문화, 대중 건강, 유럽교통망, 전기통신, 에너지, 지역정책, 환경, 직업정책, 유럽사회기금, 국경간 협동)에 대해 유럽이사회나 유럽위원회에 의해 자문을 받는다. 지역위원회는 도시지역과 밀접한 관계(농업, 환경 또는 도시정책)가 있는 문제에 대해 고유의 의견을 낼 수 있다.

지역위원회는 교통, 건강, 직업 또는 교육과 같은 분야에서 지역적 범위내에 직접적인 영향권을 가진 공동체 결정에 대해 제안을 하는 기관이다. 344명의 위원들은 보통 지역 당선자 또는 시장들로 이루어진다.

### 8) 유럽중앙은행(La Banque centrale européenne)

1998년에 창설된 유럽중앙은행(BCE)은 독일의 프랑크포르에 위치해 있으며 유럽 지역에 관한 통화정책의 큰 방향을 결정하고 이에 필요한 결정을 내린다. BCE는 유로체제의 결정기관과 중앙은행의 유럽체제기관으로서 주 업무는 유로 존 내에서 인플레이션이 2% 아래를 유지하게 하는 것이다.

유로체계는 유럽중앙은행과 유로를 채택한 유럽연합회원국의 국제중앙은행으로 구성된다. 중앙은행 유럽체계는 BCE와 유로를 채택하지 않은 나라를 포함한 27개국의 유럽연합회원국으로 이루어진다. 회원국들의 국제 중앙은행들은 유로존에 참가하지는 않는데 이들은 자치 국제통화정책을 유도하기는 하지만 유로 존의 통화정책의 어떠한 결정에도 참여하지 않는다. 유럽 중앙은행의 주 업무는 가격의 안정을 유지하는 것이다. 이외에 유럽연합이 경제정책에 대한 지원을 하는데 즉, 증가된 직업의 유지와 인플레이션이 없는 상승, 그리고 개방시장의 경제원칙에 맞게 기능한다.

### 9) 유럽투자은행(La Banque européenne d'investissement)

Banque
européenne
d'investissement

유럽 투자은행은 유럽연합의 재정기관으로서 주요업무는 유럽연합의 계획을 재정적으로 지원한다. 1958년 로마조약에 의해 생겨난 이 기관은 본부가 룩셈부르크에 있으며 브뤼셀, 파리, 로마, 아테네, 베를린, 리스본, 런던, 마드리드 그리고 카이로 등에 지부가 있다. 2000년 3월 23일에서 24일까지 지속된 리스본의 유럽이사회 때 창설된 이 기관의 주요업무는 같은 제도

하에 있는 유럽연합의 모든 투자방법을 집중하기 위한 것이며 유럽의 계획안에 투자하기 위해 돈을 빌려준다.

투자 계획안은 유럽연합회원국들의 경제 그리고 사회적 발전에 기여할 수 있는 것이어야 한다. 특히 유럽연합의 다양한 회원국들을 동등한 수준으로 끌어올리는데 중점을 두고 있으며 이를 위해 다른 유럽연합의 지역보다 가장 어렵거나 구조적으로 덜 체계가 잡힌 나라에 원칙적으로 투자를 한다. 이 은행은 유럽의 투자 관심 계획을 위해, 특히 낙후된 지역에 재정지원을 한다. 하부구조로서의 경제구조 계획도 지원하는데 예를 들어 철도나 도로, 공항 건설 또는 환경과 관련된 계획 등이 이에 해당된다.

또 이 기관은 유럽연합을 벗어난 지역에 투자를 할 수 있으며 돈을 투자하는 것은 자신의 고유자산으로 하며 유럽이사회는 외국에 투자하기 위해 이 기관에 위임하며 이때 사용되는 돈은 유럽연합의 자금으로 한다. 투자의 15% 정도가 유럽연합 이외의 지역에 투자된다.

## 4. 유럽연합의 상징(Symbole)

### 1) 유럽기

유럽기는 단지 유럽연합의 상징일 뿐만 아니라 좀 더 넓은 의미에서 유럽의 단일성과 정체성에 대한 상징이다. 황금색의 별 테두리는 유럽 국민들 간의 연대감과 조화를 나타낸다.

별의 수는 유럽연합회원국들의 수와는 관계없으며 별이 12개 그려져 있는 것은 12라는 숫자는 전통적으로 완벽함, 풍부함 그리고 단일성을 상징이기 때문이다. 그래서 유럽연합의 회원국이 늘어나는 것과는 상관없이 유럽연합기로 남아 있다.

이 기에 대한 역사는 1955년으로 거슬러 올라간다. 당시 유럽연합은 단지 석탄과 철에 대한 유럽공동체의 형태로만 존재하였고 회원국도 6개국이었다. 그러나 더 많은 회원국이 가입한 또 다른 조직체인 유럽이사회가 그보다 몇 년 전에 탄생하였는데 이 조직체는 인권을 수호하고 유럽 문화를 촉진시키는데 목적이 있었다.

유럽이사회는 자신들을 대표할 상징을 찾고 있었는데 많은 논의 끝에 파란 색 바탕에 금색의 12개의 별로 이루어진 원형을 상징으로 결정하였다. 다른 전통에서 12는 완벽함을 나타내는 상징적인 숫자이다. 이는 또 1년의 달수에 해당하며 손목시계의 눈금 반에서 시간의 수에 해당한다. 원형의 경우, 이는 단일성의 또 다른 상징이다. 유럽이사회는 다른 유럽기관들에게 같은 기를 채택할 것을 권유하였고 1983년에 유럽의회가 이 문장을 선택하였다. 그리고 1985년에 이 기는 유럽연합의 모든 국가들에 의해 유럽연합의 공식 문장으로 채택되었다.

1996년 초부터 이 기는 모든 유럽기관의 상징으로 사용되고 있다. 유럽기는 유럽연합의 집행부인 유럽위원회의 유일한 문장이고 유럽연합의 다른 기관들은 유럽기 이외에 자신들의 고유한 문장을 가지고 있다.

### 2) 국가(國歌)

이 국가는 단지 유럽연합의 국가일 뿐 만 아니라 좀 더 넓은 의미에서 유럽의 국가이다. 멜로디는 1823년 루드위그 반 베토벤이 만든 9번 교향곡에서 따온 것이다. 이 교향곡의 마지막 악장의 경우, 베토벤은 1785년 프리드리히 본 쉴러[11]가 작사한

---

11) 독일의 시인이자 작가인 요안 크리스토프 프리디히 본 쉴러는 1759년에 Marbach am Neckar에서 태어났다. 아버지가 군인이었던 그는 1764년 경 Lorch로 이사하였다. 어린 시절 부유하지 않는 환경 속에서 자랐지만 Württemberg의 공작인 Karl Eugen의 눈에 띄여 자신이 설립한 학교에서 공부를 할 것을 권유받아 1773년부터 1775년까지 법학과 의학을 공부하기 시작하였다. 1780년 공부를 마치고 군의관이 되었으며 1783년 도서관 사서로 근무하였고 Mannheim에 있는 극단 시인으로 일하였다. 그리고 1788년 처음으로 괴테를 만나게 되었고 같은 해 말에 역사와 철학 교수 자리를 얻게 되어 몇 편의 역사물 작품을 쓴다. 1799년 괴테의 권유하에 새로운 연극작품을 집필하였고 괴테와 함께 Weimar Theater 극단을 만들었는데 이 극단은 독일 연극계에서 주목받게 된다. 고전주의면서 낭만주의적 문학 성향은 독일 문학계에서 그를 두드러진 작가로 자리 매김하게 해주었다.

기쁨의 시가(l'Ode à la joie)[12]에 음악을 붙인 것이다. 이 시는 쉴러가 인간의 본성에 대한 이상적 비전을 표현하고 있는데 이 점은 베토벤 역시 공유했던 모든 인간들의 우애에 대한 비전이다.

1972년 이미 유럽기를 결정하였던 유럽이사회는 국가로서 베토벤의 기쁨의 시가를 뮤지컬 테마로 택하였고, 유명한 오케스트라 단장인 카라얀에게 피아노, 관악기, 그리고 심포니 오케스트라를 위한 세 개의 편곡을 의뢰하였다. 이 국가는 음악이라는 전 세계 공용어 덕분에 유럽에 의해 부활되는 자유, 평화 그리고 연대감의 이상향을 환기시키는데 텍스트는 다음과 같다.[13)]

유럽연합 정부와 회원국 수뇌부들은 1985년 이것을 유럽연합의 공식 국가로 채택하였다. 이 국가는 각 나라의 국가를 대체하는 것이 아니라 다양성 속에서의 단일감과 더불어 회원국들 모두 공유할 가치가 있는 어떠한 것을 기릴 때 사용한다.

12) 기쁨의 찬가라고도 불리는 기쁨의 시가는 본 쉴러의 시로서 특히 베토벤 9번 교향곡의 4악장과 마지막 악장에 붙여진 작품으로 유명하다. 이 시는 모든 사람들이 형제라는 국가를 초월한 인간적 우애를 찬양하는 시가로서 인간이 자신의 창조주인 신과 죄에서 벗어난 기쁨 속에서 재화합하는 것을 찬양하는 내용으로 이루어져 있다.

13) Esteban Buch, La Neuvième de Beethoven. Une histoire politique, Paris, Gallimard, 1999

| <독일어> | <프랑스어 번역> |
|---|---|
| O Freunde, nicht diese Töne! | Mes amis, cessons nos plaintes! |
| Sondern laßt uns angenehmere | Qu'un cri joyeux élève aux cieux nos |
| anstimmen und freudenvollere. | chan de fêtes et nos accords pieux! |
| Freude! | Joie! |
| Freude, schöner Götterfunken | Joie! Belle étincelle des dieux |
| Tochter aus Elysium, | Fille de l'Élysée, |
| Wir betreten feuertrunken, | Nous entrons l'âme enivrée |
| Himmlische, dein Heiligtum! | Dans ton temple glorieux. |
| Deine Zauber binden wieder | Tes charmes relient |
| Was die Mode streng geteilt ; | Ce que la mode en vain détruit ; |
| Alle Menschen werden Brüder, | Tous les hommes deviennent frères |
| (original de Schiller : | (original de Schiller : |
| Was der Mode Schwert geteilt ; | Ce que l'épée de la mode sépare ; |
| Bettler werden Fürstenbrüder,) | Les mendiants seront frères avec les princes) |
| Wo dein sanfter Flügel weilt. | Là où tes douces ailes reposent. |
| Wem der große Wurf gelungen, | Que celui qui a le bonheur |
| Eines Freundes Freund zu sein ; | D'être l'ami d'un ami ; |
| Wer ein holdes Weib errungen, | Que celui qui a conquis une douce femme, |
| Mische seinen Jubel ein! | Partage son allégresse! |
| Ja, wer auch nur eine Seele | Oui, et aussi celui qui n'a qu'une âme |
| Sein nennt auf dem Erdenrund! | À nommer sienne sur la terre! |
| Und wer's nie gekonnt, der stehle | Et que celui qui n'a jamais connu cela s'éloigne |
| Weinend sich aus diesem Bund! | En pleurant de notre cercle! |
| Freude trinken alle Wesen | Tous les êtres boivent la joie |
| An den Brüsten der Natur ; | Aux seins de la nature, |
| Alle Guten, alle Bösen | Tous les bons, tous les méchants, |
| Folgen ihrer Rosenspur. | Suivent ses traces de rose. |
| Küsse gab sie uns und Reben, | Elle nous donne les baisers et la vigne, |
| Einen Freund, geprüft im Tod ; | L'ami, fidèle dans la mort, |
| Wollust ward dem Wurm gegeben, | La volupté est donnée au ver, |
| und der Cherub steht vor Gott. | Et le chérubin est devant Dieu. |
| Froh, wie seine Sonnen fliegen | Heureux, tels les soleils volent |
| Durch des Himmels prächt'gen Plan, | Sur le plan vermeil des cieux, |
| Laufet, Brüder, eure Bahn, | Courrez, frères, sur votre voie, |

| Freudig, wie ein Held zum Siegen. | Joyeux, comme un héros vers la victoire. |
|---|---|
| Seid umschlungen, Millionen! | Qu'ils s'enlacent tous les êtres! |
| Diesen Kuß der ganzen Welt! | Un baiser au monde entier! |
| Brüder, über'm Sternenzelt | Frères, au plus haut des cieux |
| Muß ein lieber Vater wohnen. | Doit habiter un père aimé. |
| Ihr stürzt nieder, Millionen? | Tous les êtres se prosternent ? |
| Ahnest du den Schöpfer, Welt? | Pressens-tu le créateur, Monde ? |
| Such' ihn über'm Sternenzelt! | Cherche-le au-dessus des cieux d'étoiles ! |
| Über Sternen muß er wohnen. | Au-dessus des étoiles il doit habiter. |
| La section finale répète : | La section finale répète : |
| Freude, schöner Götterfunken | Joie! Belle étincelle des dieux |
| Tochter aus Elysium/ | Fille étincelle des dieux |
| Seid umschlungen, Millionen! | Soyez unis êtres par million! |
| Diesen Kuß der ganzen Welt! | Qu'un seul baiser enlace l'univers! |

### 3) 슬로건(표어)

"다양성 속에서의 단합". 이 표어는 2004년 유럽 헌법을 제정하는 조약에서 처음으로 공식적으로 사용되었는데 유럽대륙을 이루고 있는 다양한 문화와 전통 그리고 언어들이 유럽연합을 이루는 근간이 되고 있음을 알리는 유럽연합의 의지를 담고 있다.

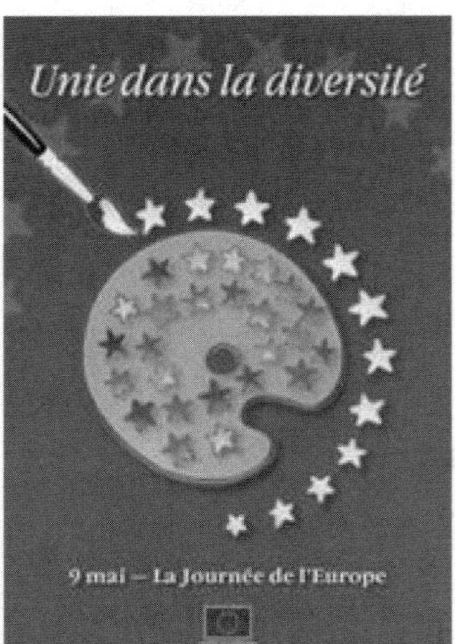

"다양성 속에서의 단합"

유럽연합의 공식언어들은 2004년 5월 1일 이후 오늘날 23개 국어로서 체코어, 네덜란드어, 독일어, 에스토니아어, 영어, 스페인어, 프랑스어, 이탈리아어, 레트어, 리투아니아어, 헝가리어, 몰타어, 덴마크어, 폴란드어, 포르투갈어, 슬로바키아어, 슬로베니아어, 핀란드어, 스웨덴어 등이다. 2007년에 두 나라가 새롭게 가입함으로써 루마니아어와 불가리아어가 포함되었다. 게다가 2005년 6월 13일 유럽연합회원국들의 대표자 위원회의 합의에 따라 2007년 1월 1일부터 아일랜드의 아일랜드어 또는 게일어가 포함되었다.

4) 유럽의 날(La Journée de l'Europe)

5월 9일은 유럽의 날이다. 유럽연합의 모든 시민들과 관계가 있는 이 날은 그 기원은 1950년 5월 9일을 기리기 위해서이다.

이 날 아주 중요한 회견을 위해 오르세이역에서 있는 프랑스 외무부 장관의 직무실에 기자들이 초대되었다. 당시 외무부 장관이었던 로베르 슈만과 그의 고문이자 친구인 장 모네가 프랑스, 독일 그리고 다른 유럽 국가들에게 석탄과 철을 공동으로 생산하자는 제의를 하였다. 이 계획은 당시 강력한 무기의 기초가 되는 석탄과 철을 경영할 국가를 초월한 유럽기관을 만들자는 예견이었다. 이것은 특히 전쟁에 직접 관여한 9개국의 경우 자신들의 권리를 포기하는 것을 의미하였다. 게다가 끔찍한 전쟁 속에서 처참함을 경험하고 수많은 물질적 · 정신적 훼손과 증오 등을 갖고 있는 국가들에게도 마찬가지였다.

독일, 벨기에, 프랑스, 이탈리아, 룩셈부르크 그리고 네덜란드 6개국이 이 제안에 동의하였고 1951년 4월 18일 파리 조약을 통해 석탄과 철강에 대한 경제공동체를 탄생시켰다. 이 제안이 성공하면서 1950년 5월 1일은 유럽 구성의 시발점이 되었고 1985년 밀라노의 유럽이사회는 매년 유럽연합의 모든 시민들에게 전하는 유럽의 날로 기념하였다.

사실 이 날은 단지 유럽연합을 창건한 나라들의 시민들에게만 관계가 있는 것이 아니라 유럽연합회원국 시민들 모두와 관련이 있는데 그 이유는 민주적으로 유럽연합에 가입한 나라들은 유럽 대륙을 하나로 묶자는 오랜 숙원 속에서 1950년 5월 9일 선언에서 제안된 평화, 사회적 진보, 경제적 발전과 연대감이라는 목표를 지양하는데 참여하기 때문이다.

어떤 유럽 국가들은 이와 같은 목표를 몇 세기 전부터 가지고 있었지만 규칙이나 제도, 국가들 간의 단순하면서도 깨지지 쉬운 협동체제 수준에 머물러 있었다. 유럽의 통합은 하루에 이루어지는 것도 아니며 수십 년에 걸쳐 이루어지는 것도 아니다. 이는 모두에게 가장 좋을 수 있는 원칙을 적용시키면서 유럽을 구성하고 있는 국민들 각자의 자유와 정체성을 존중하는 유럽을 건설하자는데 그 목적이 있다. 왜냐하면 국민들의 단압이야 말로 유럽이 세계 속에서 자신의 운명의 주인이 되도록 보장해 줄 수 있기 때문이다.

# 제2장 유럽연합의 주요정책

## 1. 유럽 내수시장의 활성화

내수시장은 유럽연합의 가장 위대한 성공중 하나이다. 점차적으로 교환과 자유경쟁에 대한 제약이 회원국들 사이에 사라졌고 삶의 수준의 상승을 가져왔다. 내수시장이 아직 단일화된 경제적 공간이 된 것은 아니며 어떤 활동분야(대중 서비스)는 국내법에 따른다. 회원국들은 원칙적으로 재정과 사회 재분배 분야에서 각 국가별로 이루어지고 있다. 내수시장의 자유화가 좀 더 많은 기업과 소비자들에게 혜택을 주기 위해서는 아직도 해야 할 일이 많이 남아 있다.

### 1) 공동시장의 제한

1957년 유럽 경제공동체 조약은 회원국 간의 세관을 없애고 유럽 경제공동체 국가들 이외의 나라들에 대해 공동관세를 부여하는데 동의하였고 이는 1968년 7월에 실행되었다. 그러나 세관법은 단지 보호주의 성격만을 지닐 뿐이었다. 1970년대에 교역장애는 공동시장의 완전한 실현을 저해하였다. 기술적인 특수성, 건강과 안전규범, 직업훈련에 관한 국내법, 교역조건 등은 사람과 상품 그리고 자본의 자유로운 유통을 제약하였다.

1985년 6월 유럽연합위원회 의장이었던 자크 들로르가 7년 동안 유럽공동체 내에서 물질적·기술적 그리고 재정적 방해물을 없애는 것을 골자로 하는 백서를 발간하였다. 그의 목적은 미국이라는 거대한 시장에 맞서 단일화된 경제 구역의 내부에 산업과 상업의 확장을 증대시키고자 하는데 있었다.

### 2) 내수시장의 검토

상품들에 대한 유럽연합국들의 국경에서의 모든 검열이 사람에 대한 세관 검열과 함께 없어졌지만 경찰의 조사(범죄와 마약에 대한 싸움)는 계속 존재한다. 1985년 유럽연합의 최초 회원국들 사이에 체결되고 다른 회원국들로 점차 확산되고 있는(영국과 아일랜드는 조약에 체결하지 않았다) 쉐겐조약[14]은 유럽

14) 쉐겐조약은 조인한 국가들 사이에 국경에 대한 확인절차를 없애자는 조약이다. 이렇게 생겨난 국경 없는 지역을 쉐겐 지역(1985년 6월에 조약이 체결된 쉐겐의 룩셈부르크 마을의 이름)이라 불린다. 오늘날, 이 조약을 체결한 국가들은 비자에 대해 공통정책을 적용하고 있으며 이 지역 외부에 있는 나라들의 인접국경에 대한 통제를 강화하고 있다. 쉐겐 지역 내부에 있는 국경에 대한 통제가 없다고는 해도 공중질서나 국가 안보에 관련된 사항처럼 필요하다고 인정되는 경우 국경통제를 할 수 있다. 연도별 가입국 현황은 다음과 같다.
1985. 6. 14 : 독일연방공화국, 벨기에, 프랑스, 룩셈부르크, 네덜란드
1990. 11. 27 : 이탈리아 I

연합 내부 국경에 오는 사람들의 검색을 완전 폐지하기 위해(10장 : 자유와 안정 그리고 정의의 유럽 : "Une Europe de liberté, de sécurité et de justice") 망명과 이민에 대한 공동정책을 경찰들의 공조로 실시하고 있다.

쉐겐조약을 기념하는 기념물

유럽연합회원국들은 대부분의 상품에 대해 국내 규칙들의 상호 인식 원칙을 채택하였는데 유럽연합회원국에서 합법적으로 제조되고 상업화된 모든 상품은 다른 유럽 회원국 시장에서 사고 팔 수 있다. 서비스 분야의 자유화는 특정 직업(변호사,

---

1992. 6. 25 : 스페인과 포르투갈
1992. 11. 6 : 그리스(완료되지 않은 상태로 마케도니아 시민들은 그리스로 가기 위해서는 비자가 필요하다)
1995. 4. 28 : 오스트리아
1996. 10. 19 : 덴마크, 핀란드, 아일랜드, 노르웨이, 스웨덴, 아이슬란드
2004. 5. 1 : 키프로스, 에스토니아, 헝가리, 리투아니아, 몰타, 폴란드, 체코 공화국, 슬로바키아, 슬로베니아(아직 적용되지 않음)
2004. 10. 16 : 스위스(2005년 6월 5일 투표에 의해 결정)
2007. 1. 1e : 루마니아, 불가리아

의사, 관광업, 은행, 보험회사 등)의 접근 또는 시행에 따른 국내 규칙의 상호 인식 또는 협조 하에 이루어진다. 그럼에도 불구하고 사람의 자유 왕래는 아직 완전히 이루어지고 있지 않은데 사실 특정분야에 종사하고 있는 사람의 경우 다른 유럽 회원국에서 거주하거나 일을 하고자 하는 경우 많은 난관에 부딪치게 된다. 특히 특정 직업(배관공, 목공)에 대한 자격증이나 자질 인정에 대한 문제들이 대두되는데 유럽연합은 이러한 사람들의 유동성을 용이하게 하기 위한 노력을 하고 있다.

유럽연합의 공동시장의 개방으로 인해 국제전화 통화료는 아주 적은 비용이 들며 새로운 기술에 따른 음성전화에 대한 인터넷 사용 이 늘어나고 있다. 아주 낮은 가격의 항공료는 자유경쟁으로 인해 유럽에서 많이 낮아졌다. 또한 부가가치세의 조화로 재정적 부담이 훨씬 줄어들었다. 2005년 7월부터 동산 수익에 대한 세금은 유럽연합회원국들과 다른 제 삼국간의 조약 대상이 된다. 이 밖에도 수돗물, 에너지, 전화통신과 같은 분야를 포함하여 서비스 업종과 필수용품, 그리고 공사분야 등이 유럽연합 영토 내에서 경쟁의 대상이 된다.

### 3) 재정적 서비스

2005년 이전까지 재정적 서비스에 대한 시장을 만들려는 유럽연합의 계획은 이제 완성되었다. 이 계획은 기업과 소비자들에게 대출비용을 감소시켜주고 저축자들에게 좀더 광범위한 투자상품(저축계획)과 노후계획을 제시하고 있다. 그리고 국경을 초월한 저축에 대한 은행 수수료가 줄어들었다. 유럽연합 내에서의 국경없는 단일시장과 단일화폐(une monnaie unique)인 유로의 탄생은 이미 수억 유로의 이익을 냈고 수 백 만개의 직업을 창출해냈다. 게다가 유럽연합은 미래의 직업이 될 선진 기술 분야에 연구와 발전을 위해 많은 돈을 투자하고 있는데 2001년과 2010년 사이에 50% 이상의 경제적 지원을 할 예정이다.

## 2. 공동무역정책
(La politique commerciale commune : PCC)

1957년 로마조약 이후, 무역은 유럽연합의 주목적 중 하나가 되었다. 공동무역정책(PCC)는 제 삼국들과 유럽연합의 관계에 관한 단일시장을 구성하는 것을 골자로 하는 정책으로서 유럽연합의 외부적 관계들의 핵심적 사항이다.

이 무역정책은 유럽 생산품에 대한 외국 시장의 개방과 내부 시장의 보호 사이의 균형을 찾는데 그 목적이 있다. 게다가, 이 정책은 무역의 세계기구의 틀 안에서 세계화를 추구하기 위한 해결방법을 제안하는 방법이다.

전 세계에서 수입과 수출의 전체의 18%가 넘는 비중을 차지하는 유럽연합은 미국과 일본, 그리고 중국보다 앞선 지구의 첫 번째 무역 강대국이 되었다. 유럽연합은 세계 수출의 20%를 차지하고 있는데(미국 13%, 중국 8%) 무역 균형은 약간 초과된 상황이다.

유럽연합은 원칙적으로 수공품, 식료품 그리고 가공하지 않은 원자재를 사고 파는데 특히 개발도상국의 농업 식료품의 주요 수입국이다. 에너지의 경우 유럽연합은 수입에 의존하고 있다.

전체 무역의 20%를 차지하면서 미국은 유럽연합의 첫 번째 무역 파트너이다. 중국은 최근 놀라운 무역 성장을 보이면서 이제 세계 수입과 수출분야에서 두 번째 위치를 차지한다.

2004년부터 공동무역정책은 유럽위원회에 의해 운영되고 있다.

### 1) 역사적 배경

CE 조약 131항은 유럽연합국 사이에 세관을 설정하면서 회원국들이 공동 관심사, 세계무역의 조화로운 발전, 국제교환에 있어서의 제약에 대한 점차적 제거와 세관의 벽을 축소시키는 것에 기여할 것을 구체적으로 명시하고 하고 있다. 따라서 공동무역정책은 제 삼국들과의 공동세관정책과 공동 무역 규칙에 근거한다.

공동무역정책 시행에 관한 구체적 내용은 1962년 채택된 계획안을 근거로 위원회에 의해 구체화되었는데 세율 통합이 1968년에 현실화됨으로써 공동체 회원국들 간의 세율법과 세율 제한이 없어졌고 공동 관세가 도입되었다.

1968년 7월 1일 과도기 기간 이후, 무역정책은 경쟁정책 또는 어업정책과 함께 유럽연합의 주요정책으로 부각되면서 유럽연합으로 하여금 국제무대에서 하나의 목소리로 이익을 수호할 수 있도록 하고 있다.

PCC에 관계되는 대부분의 결정들은 위원회를 중심으로 이루어지고 있으며 유럽의회는 이에 대한 어떠한 관여도 하지 않는다.

그러나 2000년 7월 15일에 체결한 유럽의회와 위원회 사이의 관계에 대한 협상 이후, 위원회는 유럽의회에다 국제 타협의 진행과정과 결정을 통보함으로써 의회의 의견을 수렴하는 방식을 취하고 있다.15)

### 2) 목 적

공동무역정책은 세계무역의 조화로운 발전, 국제교역 제한의 점차적인 제거, 그리고 세관의 벽의 축소를 목적으로 한다.

또한 국제무역 개방에 관여하는데 유럽연합의 회원국들은 재산, 서비스, 투자 무역에 대한 절제된 자유화가 무역의 성장과 일반적 번영을 가져다준다고 평가하고 있다.

그리고 사회 · 환경적 목적을 충분히 고려한 발전에 대해 지원하는 목표에 상응하고 있다.

### 3) 기 능

유럽위원회가 결정을 내리는데 주요 역할을 한다. 제 삼국 혹은 무역세계기구와 같은 국제기구에 대해 세율 협상을 벌이는 곳이 바로 유럽위원회이다.

---

15) 2003년 니스조약은 유럽연합의 지적 특성의 서비스와 무역방향을 주요 골자로 한 내용들을 유럽연합의 독점적 경쟁에 맡기고 있지만 일반적으로 이 동의는 유럽의회의 의견수렴 후 위원회의 만장일치로 결정된다.

이 위원회는 유럽연합의 이사회를 통해 유럽 회원국들과 밀접한 협의를 거치는데 그 이유는 위원회가 필요한 타협을 시작하기 전에 이사회에 권고결의안을 제출해야 하기 때문이다. 이 협상은 회원국 27개국의 대표들과 유럽위원회로 구성된 133인의 위원회와의 협의를 통한 위원회에 의해 주도된다.16)

국제협상의 경우, 유럽위원회에 의해 협상된 체결 내용을 승인하고 인증하는 것은 유럽연합 의회이다.

유럽 회원국들은 다음 세 분야에서 만장일치의 합의를 이룬다.

- 서비스 무역, 지적 자산의 무역분야 그리고 직접적인 외국 투자분야의 경우 내부 조치의 채택을 위해 만장일치로 결정한다.
- 문화 그리고 시청각분야의 무역분야에서 유럽연합의 문화적이고 언어적 다양성을 고려하기 위해 만장일치로 결정한다.
- 사회 서비스와 교육 그리고 건강에 관련된 무역분야에서 이 서비스 제공을 위한 회원국들의 경쟁을 고려하기 위해 만장일치로 결정한다.

유럽공동체의 본래 위치는 세계무역의 변천과 점점 더 모순점을 보이고 있다. 구체적으로 유럽시장의 연속적인 개방 이후, 공동 관세가 매우 낮게 적용된다. 관세는 산업에 관련된 수입의

---

16) 국제무역 관계분야에서 협상을 위한 위원회에 권한을 부여하는 133조항에 따라 133 위원회는 유럽무역정책을 조정하고 유럽위원회에 참석하는 주요 기능을 맡고 있다.
매주 이 특별 위원회는 브뤼셀에 위치한 유럽연합 이사회에서 회의를 갖는데 유럽연합에서 시행되는 무역정책에 대한 문제들을 논의한다. 이곳에서 자신들의 의견을 피력하고 제안을 하며 유럽연합 이사회에 동의를 얻기 위한 제반 결정사항들을 논의한다.

경우 4% 미만이며 이는 공동체에 있어 특권에 해당한다. 그러나 회원국들 간의 무역은 아직 교역 전체의 60%를 나타낸다.

개발도상국에 대해 유럽연합이 승인한 특혜무역제도는 OMC 틀 안에서 바나나에 대한 잠재적 경쟁에서 보여주듯이 제 삼국에 의해 적용되지 못하는 경우가 발생한다. 따라서 유럽연합은 ACP 지역의 파트너들에게 부여했던 특권을 축소해야만 했다.

농업품 수출에 대한 지원은 OMC의 몇몇 국가들에 의해 국가무역에서 장애요소로 여겨진다. 그러나 프랑스를 비롯한 많은 국가들의 경우 농업은 다른 분야와 동일하게 취급되어지지 않는 특별한 분야로서 제조품들과 같은 상품들과 동일한 규칙을 적용할 수가 없으며 공동농업정책(la politique agricole commune : PAC)의 지속적 개혁은 국제교역에 대한 부정적인 마찰을 축소하거나 제거하기 위해 농업에 관련된 협약을 재조정하도록 하고 있다.

대중 건강의 이유로 인해 유럽연합은 호르몬이 투여된 소의 수입을 금하길 원하였지만 OMC는 이러한 결정이 충분히 과학적인 근거에 입각하지 않은 조치였다고 결정했다. 유럽연합에 이러한 호르몬이 투여된 소를 수출하는 무역국들은 유럽연합에 대해 보복 조치를 취할 수 있도록 허용되었다.

이러한 무역 잡음에도 불구하고 유럽연합은 OMC의 중심적인 기능을 하고 있다(특히 미국과의 무역 대립에서 얻은 성공을 무시해서는 안 된다).

### 4) 재 정

공동무역정책의 재정은 두 가지 주요 방법에 의해 지원되고 있는데 하나는 공동세관정책과 다른 하나는 제 삼국에 대한 공동무역규칙이다.

PCC는 우선 회원국들 간의 상품 수출입에 대한 자유뿐 아니라 제 삼국에 대한 공동세관정책을 골자로 하는 세관 단일화에 근거를 둔다. 수입에 대한 공동규칙을 시행하기 위해 모든 회원국들에 대한 공동외부관세(tarif extérieur commun : TEC)가 제정되었는데 이는 단일 세관의 외부 국경을 넘는 상품들의 수입에 적용된다. TEC는 다음 두 가지 이유로 인해 변형되거나 중단될 수 있는데 하나는 이사회가 다수결로 결정하거나 아니면 위원회가 하나 또는 여러 국가나 국제기구와 관세 협상을 시작할 수 있도록 이사회에 상정하는 경우이다.

그리고 PCC는 제 삼국에 대한 공동무역규칙에 의거한다.

단일화 원칙은 특히 무역 협상, 자율화 방책의 단일화, 수출정책 그리고 무역수호조치 등을 주요 골자로 한다. 주로 유럽연합의 외부무역교역은 OMC을 중심으로 한 다양한 협상에 의해 이루어진다. 게다가 유럽연합은 지형적으로 여러 지역과 몇몇 국가들과의 특별한 무역정책을 펼치고 있는데 나름대로의 방법을 통해 후진국을 발전시키기 위해 이들 국가에게 유럽시장에서의 우선권을 부여한다. 이것을 일반화된 선호도식("schéma de préférence généralisé" : SPG)이라고 부르는데 178개국이 혜택을 받는다.

제 삼국에서 유럽공동체로 수입되는 상품은 그 양에 있어서 어떠한 제약도 받지 않지만 유럽연합은 "무역수호"(défense commerciale)라는 장치를 마련하여 균형 있는 무역을 보증하고 유럽 기업체들의 이익을 수호하고 있는데 이는 회원국들이 부당한 대우를 받는 것에 대한 권리를 부여하는 OMC의 규칙에 따르고 있다.

- 덤핑에 대한 조치 : 제 삼국의 생산자들이 국제시장 가격이나 생산가격에 적용되는 가격보다 낮은 가격으로 유럽시장으로 수출하는 경우 이를 제한한다. 위원회는 피해를 입는 회사의 요구에 따라 보상권을 부여한다.
- 반-보조금 조치 : 위원회가 수입된 어떤 상품이 생산국에 의해 보조를 받고 있다고 판단한 경우, 위원회는 보상권을 발휘할 수 있다.
- 보호조치 : 하나 또는 여러 회원국들의 요청에 따라, 위원회는 특정분야가 어려움을 겪고 있는 경우 잠정적으로 수입을 제한할 수 있다.

### 5) 적용 예

실제적으로 공동무역정책은 다음과 같이 진행된다.

- 단일 세관이 실시된 이후(1968), 수입된 상품에 대한 동일한 방식의 관세는 마르세이유, 함부르크 또는 암스테르담에 있는 유럽시장에 적용된다.
- OMC 에서 주요 기능을 하는데 최대 무역 강대국으로서 유럽연합은 발전도상국과 마찬가지로 선진국 역시 혜택을 볼 수 있는 규제

된 세계화의 비전을 제시하고 있다.

- 유럽경제구역(아이슬란드와 노르웨이) : 중앙유럽과 동부유럽 국가들과의 협력에 관련된 유럽 조약 ; 지중해 연안의 국가들과의 조약
- 60년대 이후, ACP 지역의 78개국들과의 다양한 무역 조약을 체결. 멕시코와 칠리와 함께 협력 조약과 무역 조약 ; OMC 틀 안에서 미국과 일본과의 합의된 분야별 조약
- 무기를 제외한 모든 무역 : 2001년 유럽연합은 무기를 제외하고는 49개의 후진국의 수출에 대한 유럽시장의 완전개방을 시행하면서 가장 강력한 무역시장이 되었다(바나나의 경우 2006년까지, 그리고 쌀과 설탕의 경우는 2009년까지).[17)]

### 6) 예 측

제 삼국과의 무역 협상의 경우, 유럽연합은 OMC의 다양한 틀 속에서 적용되는 무역 협상에 우선권을 부여한다. 또한 2001년 11월에 실시된 "발전에 관한 도하 프로그램"을 시행하고 있다. 이것은 후진국의 발전을 목적으로 교역에 관한 세계 자율화를 추진하는 타협 방식이다.

이 협상들은 2003년 9월 유럽과 미국 그리고 다른 지역 국가들 간의 합의의 결렬로 일시 중단되었는데 2004년 7월 다시 협

---

17) 무역 장애들에 대한 규칙(règlement sur les obstacles au commerce(ROC) : 1995년 1월 1일 이후, 제 삼국 시장이나 유럽공동체 국가의 시장으로 수출하려는 모든 기업이나 산업체들이 무역 장벽에 부딪쳤을 때 이사회에 제소를 할 수 있다. 만일 조사의 결과가 부당하다고 나오는 경우 쌍방조약은 제 삼국과 함께 협상되어질 수 있거나 OMC의 분쟁규칙 조항에 도움을 청할 수 있다.

상이 시작되었다.

후진국들에게 우선권을 부여하는 다양한 조치들이 2005년 12월 13일에서 17일에 걸쳐 진행된 홍콩의 수상 회의에서 제안되었다.

여기에서 후진국들이 대부분의 생산품을 쿼터나 세관에 대한 제약을 받지 않고 선진국에 수출할 수 있게 하거나, 후진국에 의약품을 보낸다든지, 선진국들이 목화 수출에 대한 지원금을 실시하지 않는 것과 같은 방안들이 나왔다. 또한 선진국의 농업품 수출에 대한 지원 기간이 2013년으로 정해졌다.

유럽위원회는 2006년 10월 1일에 경쟁력과 경제적 개혁을 위한 무역정책에 해당하는 새로운 유럽연합의 무역전략을 채택했다. "세계화된 경제에 대해 경쟁력을 갖춘 유럽"이라는 이 새로운 접근은 우수한 경쟁력을 갖춘 유럽 기업체들이 외국의 시장으로 수출할 수 있는 전략인 동시에 유럽연합 시장의 개방 전략이기도 하다.

유럽연합은 2007년에 다음과 같은 전략을 내놓았다.

- 공업소유권의 보호 강화
- 다가 올 해에 유럽연합의 무역정책에 가장 큰 장애가 될 중국과의 새로운 무역전략
- 주요 파트너 국가들과의 무역 자율화에 대한 상호 조약 체결에 관한 새로운 전략 ;

이는 무역의 다국적 자율화 지역을 준비하기 위해 OMC의 규칙을 적용하는 것으로서 자유-교역의 새로운 조약을 결정짓

기 위한 중요한 경제기준으로서 특히 아시아의 잠재시장에 대한 할인 무역정책이 될 것이다.

마지막으로 새로운 전략 차원에서 유럽위원회는 2006년 12월 6일 세계경제의 새로운 위협에 대한 유럽연합의 무역보호정책 시행하는 것을 골자로 하는 Livre Vert를 채택하였다.

## 3. 경쟁력에 관한 유럽정책

유럽연합은 경쟁이 자유롭고 적합하게 이루어지는 것을 기본으로 하는 내부시장에 기초를 두고 발전해왔다. 그러나 기업들은 원활한 시장의 유지를 위해 필요한 몇 가지 규칙을 따라야 한다.

경쟁에 관한 공동정책의 책임을 지고 있는 유럽위원회는 소비자들에게 혜택을 주고 기업에게는 경쟁력이 있도록 하는 이 규칙을 준수하도록 하는 임무를 지니고 있다. 그렇지만 전반적인 이익의 동기를 위해 경쟁 규칙을 제한하는 것을 배제하지 않는다.

경쟁에 관한 공동정책은 공동시장과 함께 시작되었는데 이 정책의 대부분은 1957년 로마조약 안에 포함되어 있다. 경쟁에 관한 진정한 공동권리 시행은 1990년 이후 가속화되었는데 이전 독점권을 가지고 있던 많은 분야들이 경쟁분야로 개방되면서부터이다.

### 1) 목 표

로마조약에 따라, 경쟁은 공동시장의 실현화에 필수조건이다 이러한 규정들이 없다면, 각 국제 기업들은 국제시장으로부터 유럽 경쟁력을 밀어내기 위해 서로 협조를 하게 될 것이고 이는 유럽 통합의 정신에 역행하는 것이 될 것이다.

경쟁력은 또한 경제적 개선의 한 주요 요소로서 인식되어지는데 기업들 간의 경쟁력은 보다 높은 수출력을 향상시키게 될 것이며 유럽 소비자들에게 덜 비싼 가격으로 폭넓은 물품을 선택할 수 있는 혜택을 주게 될 것이다.

### 2) 기 능

2003년부터, 공동책임체제가 경쟁력에 관한 유럽정책 속에 포함되었다. 유럽위원회는 이에 대한 중요한 책임을 맡고 있는데 기업들의 활동에 대한 철저한 조사권을 가지고 있고 위반할 시 제재를 가할 수 있다. 유럽 회원국들의 경우, 경쟁력에 관한 공동 규칙의 적용에 대한 막중한 책임을 가지고 있는데 이러한 책임은 경쟁력을 책임지고 있는 국가 기관과 경쟁에 관계된 소송을 해결하는 국제사법기관이 담당한다.

### 3) 경쟁력에 관한 유럽정책 속에서의 위원회의 역할

경쟁이 제한되거나 합법적으로 이루어지지 않는 상황이 발생할 경우 위원회가 개입한다.

만일 위원회가 고소에 대한 처리를 하지 않기로 결정한 경우, 고소자에게 거절에 대한 이유를 밝혀야 한다. 반대로, 위원회는 조사를 결정할 수 있는데, 기업에게 관련된 자료를 요구하거나 기업 내부 조사를 시행할 수도 있다.

회원국의 대표들로 구성된 집행 위원회의 자문을 얻은 후, 위원회는 기업들의 행위에 대해 결정한다.

정당하지 않게 이루어진 경쟁의 경우, 위원회는 해당되는 기업에게 경쟁을 그만둘 것을 명령할 수 있으며, 기업이 이를 거절하는 경우 구조적 조치(mesures dites "structurelles" 예를 들어 기업 활동 지역을 변형하거나 범주에 따른 면세혜택을 취하하는 결정과 같은), 임시조치(mesures provisoires : 시급을 다툴 정도의 위급한 경우 경쟁으로 인해 심각하거나 되돌릴 수 없는 피해가 예상되는 경우)를 취하거나 아니면 실행조치(mesures dites "comportementales" : 피해의 정도와 기간을 고려하여 금전적 손해가 심각할 경우 벌금이나 연체료 등을 물리는)를 시행할 수 있다.

경쟁력에 관련된 공동 규칙은 공모, 우위적 위치의 남용, 집중화와 국가의 지원 등 여러 가지 부분으로 나누어진다.

### <담합, 공모에 관한 금지>

공모는 로마조약 81항에 의거 내부시장에서 금지되는데, 공모라 함은 특히 생산품의 쿼터의 고정, 시장의 모든 공유, 인위적으로 상승된 가격을 유지하기 위해 기업들 간에 가격을 합의하는 것 등을 의미한다. 이런 여러 가지 행위들은 소비자들과 실제 다른 생산자들에게 피해를 입히면서 시장 질서를 어지럽히는 행위이다. 그러나 면세제도는 상품 분배를 개선하기 위한 특정한 경우의 협조나, 특정한 분야의 기술적 진보를 위해 협조하는 경우에는 허용된다. 예를 들어, 자동차 공급이나 판매 후 서비스에 관련된 협의나 우주 항공 산업 또는 연구분야에 있어서의 협조 등이 이에 해당한다.

### <우위적 위치의 남용에 관한 금지>

어떤 기업이 특정한 시장에서 우위를 점하고 있는 경우, 이 기업은 정당하지 않은 판매 조건을 강요하기 위해 이러한 상황을 이용하는 경향이 있을 수 있다. 과다금액, 독점판매계약, 경쟁사를 따돌리기 위한 목적으로 자사의 상품만을 판매하는 상점에게 부여하는 특별수당 등이 이에 해당한다. 이런 경우 우린 우위적 위치의 남용이라고 말을 하는데, 경쟁력에 관한 공동권은 시장에서의 우위적 위치를 막는 것이 아니라 남용되는 경우에만 제재를 가한다.

### <집중화에 관한 통제>

기업집중화는 그 자체는 금지되는 것이 아니며, 단지 기업집중화로 인해 악용의 소지가 있는 우위적 위치를 조장하는 경우에만 제재를 가한다. 여러 기업들이 새로운 대회사를 만들기 위해 합치거나(합병) 하나의 기업이 또 다른 기업을 매입하는 경우를 기업집중화라 말한다.[18)]

일반적으로 위원회의 금지결정은 매우 드물다. 반면 집중화는 담합 또는 우위적 위치와 함께 기업들이 특별한 조건을 준수하거나 의무사항을 준수한다는 조건 하에 용인되는 경우가 많다. 예를 들어, 유럽위원회는 2004년 2월 항공분야에서의 경쟁력을 둔화시키지 않는다는 조건하에 에어 프랑스와 KLM 항공사의 합병을 승인하였다.

### <국가지원의 금지>

로마조약의 87항과 88항은 국가지원금지원칙을 정하고 있다(즉 공적 개입). 회원국들 사이의 무역에 영향을 미칠 수 있다고 판단되는 모든 공적 개입이 이에 관련되는데(공적 보조금, 세금 감면, 세금 할인 등) 이는 공적 지원이 해당 기업에게 그리고

---

18) 원래 이 규제는 조약에서는 언급되지 않았던 부분이다. 공동시장을 중심으로 기업들의 경쟁이 증가되면서(때때로 담합에 관한 사법적 제재를 피하기 위한 목적으로) 공동대처방안이 필요하게 되었다. 집중화에 관한 통제는 말하자면 우위를 점하고 있는 기업의 부당한 무역활동을 제재하는 방법이다. 원칙적으로 합법적인 경쟁력은 강화하면서, 위원회는 단지 해당되는 사항들이 유럽공동체의 차원에서 위협이 된다고 여겨질 때 개입한다.

3년의 기간 동안 십만 유로를 초과하는 경우에 해당한다.

이러한 지원을 최소지원이라 부르는데 교통분야나 농업분야에 관한 지원을 제외하고는 금지된다. 그러나 국가로부터 지원을 받고 있다 하더라도 특정한 조치들이 유럽위원회로부터 승인받을 수 있는데 이는 특히 이러한 원조가 다음과 같은 경우에 해당할 때이다.

- 생활수준이 비정상적으로 낮은 경우 지역의 경제발전을 촉진시키기 위한 지원일 때(고용창출이나 직업교육, 환경 등).
- 유럽의 공동이익에 있어서 중요한 계획을 실현시키거나 회원국의 경제에 심각한 피해를 줄이고자 하는 목적의 지원일 때
- 문화를 촉진시키기 위한 지원일 때

회원국들은 자신들 국가에서 경제활동을 하는 기업에게 지원을 하는 경우 유럽위원회에 통보하도록 의무화 되어 있다. 불법적 지원이나 상환의 경우 국가사법기관에 의해 사법적 조치를 받게 된다.

유럽위원회는 이러한 지원들이 줄고 연구나 혁신, 직업 창출, 경제성장과 사회질서확립분야로 전환되는 것을 바라고 있다. 2007년, 72백만 유로가 경쟁력 강화에 대한 정책에 책정되었다.

### 4) 적용 예

경쟁력 강화를 위한 유럽정책은 다음과 같다.

- 1998년 1월 1일부터 전기통신분야에 경쟁력을 강화하는 정책을 하고 있는데 이는 유럽시장에 종사하는 사람의 수를 증가시키는 동시에 1997년 이후부터 국제 전화 통화료의 50% 이상을 낮추고 있다.
- 항공분야에 대한 경쟁력강화정책은 낮은 가격을 책정하고 여행객들에 대한 항공료를 줄임으로써 항공사들 간의 경쟁력을 강화시킨다.

그러나 특별한 분야의 경우 유럽위원회는 심도 있는 조사를 하고 있는데, 2001년 건강과 식품안전의 중요성에 심각한 위험을 초래한다는 판단 하에 비타민 관련 조합인 8개 의약 관련 연구소에 850백만 유로의 벌금을 선고했다.

90년대에 이 연구소들은 곡식, 의약품 그리고 화장품에 사용되는 비타민의 가격을 올렸다. 이러한 반-경쟁적 방법은 가격의 임의적 상승을 초래하였다 ;

2005년 국가지원에 관련된 650개 해당사항이 발생하였는데, 위원회는 이들 중 약 96%에 지원을 허용한 반면 4%에 대해서는 제재를 가하였는데 이러한 제재 조치은 공동규칙과 지원이 서로 상충된다는 결론에 따른 것이었다. 유럽위원회는 에너지와 교통분야의 기초분야에 관련된 기업인 알스톰의 구조재조정을 위해 프랑스 정부가 지원한 사항에 대해 승인을 했다. 반면, 유럽위원회는 국가지원으로 인해 초래될 수 있는 경쟁력 불균형을 감안하여 "보상조치"를 할 것을 이 기업에 명령했다(이로 인해 알스톰은 기업활동분야 중 몇 가지를 양보해야 했다).

사용자가 원하지 않는 다른 소프트웨어의 주요 상품을 제공하기 위해 컴퓨터 시장에서 점유하고 있는 우위적 상황을 이용한 경우 이 기업에 제재를 가하는데, 2004년 마이크로소프트 회사는 이런 행위를 했다는 이유로 유럽위원회로부터 497백만 유로의 벌금을 내야만 했다.

가격인하와 상여금제도를 이용하여 대리점들이 자신들의 상품을 사용하게 하고 타이어를 자유롭게 선택하지 못하도록 한 타이어 제조회사에 대해 벌금을 부가했는데 2001년 타이어 제조회사인 미슐렝은 90년대 프랑스에서 대형 화물 트럭에 사용하는 보조타이어 시장의 우위적 위치를 남용했다는 이유로 20백만 유로의 벌금을 냈다.

### 5) 예 측

• 경쟁력과 공공 서비스

경쟁력에 관한 유럽 규칙들은 상품화되지 않은 공공 서비스 분야에는 적용되지 않으며(예를 들어 교육, 사회보호) 단지 부분적으로 전기통신, 전기, 가스 등과 같은 전반적인 경제 수익 서비스분야에 부분적으로 적용된다. 그러나 이러한 분야의 개방으로 인한 경쟁력이 공공서비스의 목적을 훼손해서는 안 된다.

공공기업들은 TCE 86조항에 의거하여 경쟁력에 관한 규칙 사항을 준수해야 하는데, 이 조항은 전반적인 경제 관련 서비스

운영을 담당하고 있는 기업들이 특별한 역할이나 권리를 포기하지 않는 범위 내에서 경쟁력에 관한 규칙을 준수할 것을 명시하고 있다.

## 4. 소비자 보호정책

시민들의 정보와 교육체제를 개선하면서 소비자들의 이익을 보호하고 촉진시키는 것이 유럽연합의 기본 목표이다.

광우병과 관련하여 위생 부분에서 위기를 맞은 이후, 이 목표들은 예방원칙에 따라 진행되고 있다. 과학적으로 완전하게 안전이 입증되어 위험이 전혀 없다는 진단이 내려지지 않은 경우 유럽연합은 시민들의 안전을 보장하기 위해 다양한 방법의 사용여부를 결정한다.

내부 시장에서 이러한 조치를 시행함으로써 시민들의 신임도를 높이는데 주력한다.

### 1) 목 표

• 보호받아야 하는 경제적 수익

모든 회원국들 사이에 소비규칙과 규범의 조화를 이루면서 유럽연합은 재산과 서비스의 안전을 확고히 한다. 유럽회원국 소비자들은 다양한 많은 방법을 통해 상품을 구입할 수 있는 가능성을 보장받는데 유럽연합은 소비보장에 관한 계약의 약정사항 규칙을 채택했다.

• 건강과 식품안전

세 가지 기본 원칙하에 식품 관련에 관한 위생 규칙들이 정해지는데 이 위생 규칙에 따라 식품의 품질에 대해 생산자에게 책임을 부여하며 식품 구성성분과 더불어 모든 식품들의 내용표시를 의무화한다.

• 새로운 위험에 대한 관리

식료품 체인이 늘어남에 따른 복잡함과 생명공학의 출현은 이전부터 존재하던 동물과 식물의 질병과 더불어 광우병과 같은 예기치 못한 병들과 유전자 변형과 같이 통제를 제대로 하지 못한 결과로 인한 새로운 식품들을 야기시키게 되었다.

이러한 위험을 예견하고 관리하기 위해 유럽연합은 특히 예방 원칙을 강화하고 과학적이고 기술적 진보에 관련된 사법제도를 채택하고 있다. 건강과 환경에 대한 실제적인 위험을 인식하지 못하는 경우 유럽연합은 실험적 탐구와 적용, 그리고 생산과 분배 단계에서 식품망의 모든 단계에 대해 예방 원칙을 적용한다.

• 정보에 대한 권리

소비자들의 보호를 위한 조치가 효과를 얻기 위해 유럽연합은 소비자 단체들을 공동정책 설립에 참여시킨다. 소비자 대표들은 또한 소비자 단체 회원들 개개인을 교육하기 위해서, 또는 인터넷 사이트와 같이 정보지원을 발전시키기 위해 교육 계획을 짜는데 관여한다.

## 2) 기 능

이 정책은 1992년 마스트리슈조약과 함께 공동정책 중 하나로서 소비자들에 대한 보호는 모두에게 가장 나은 생활을 할 수 있도록 해주는 것을 목적으로 위원회의 전략적 목표들 중 실현성에 우선권을 둔 정책들 중 하나로 자리 잡았다.

2002년까지, 소비자 보호에 대한 공동정책은 3년의 계획기간을 두고 있는 데 이후 유럽위원회는 5년간의 전략을 채택하였다. 이 전략은 다음 세 가지 목표를 포함하고 있다.

- 소비자 보호에 대해 높아진 공동 수준
- 소비자 보호에 대한 규제의 효과적 적용
- 공동정책에 소비자 단체들의 참여

이 세 가지 목표는 모든 다른 공동정책에서 소비자들의 이익에 관한 통합을 용이하게 하는데 그 목적이 있다.

위험에 대한 원인과 심각성을 평가하기 위해, 유럽연합은 과학 기술 위원회를 지원하는데 식료품에 관한 문제와 관련하여 파르므에 위치하고 있는 식품안전유럽관청(l'Autorité européenne de sécurité des aliments)을 두고 있다.

실제 활동을 시행하기 위해, 유럽연합은 내수 시장과 관련된 분쟁의 해결을 위한 SOLVIT망, 재정적 지원분야에서의 분쟁을 해결하기 위한 FINNET망과 같이 소비자들을 위한 정보와 지원에 대한 공동 조직망을 갖추고 있다.

또한 생산품의 전반적인 안전과 결함이 있는 생산품을 생산하였을 때의 책임, 소비자들의 경제적 이익을 보호하는 등의 다양한 분야에 걸친 규범들이 제정되었다.

### 3) 재정적 지원

2004-2007년 기간에 81,8백만 유로가 소비자 보호정책에 책정되었다.

재정은 다음과 같은 사람들에게 지원된다.

- 계획 시행자들
- 소비자 유럽 단체
- 생산품의 안전에 대한 감독과 경계 조치를 시행하기 위한 회원국들

### 4) 적용 예

실질적인 측면에서 소비자 보호정책이란 다음과 같다.

- 양국 간의 분쟁이 발생할 경우 소비자를 돕기 위한 소비자 유럽 중안 본부(Centre européen des consommateurs)를 설치하는 것
- 장난감의 안전를 보증하기 위해 동일한 제조 규범을 적용하는 것
- 농업 식품망에 있어서의 조직망을 의무화
- 유전자 조작으로 만든 상품의 경우 명시를 의무화하는 것
- 개봉 후 상품의 사용 기간에 대해 포장지에 명시할 것
- 상품 판매자의 원거리 지불의 경우 이름과 주소를 반드시 명시할 것
- 소비자가 비용 없이 계약을 해약할 수 있도록 7일간의 기간을 둘 것(상품의 우발적인 반송의 경우 제외)
- 식품의 안전을 위해 유럽 당국에 농업품에 대한 과학적 충고를 조언하는 유럽 지부를 창설할 것.

### 5) 위기 대처에 관한 예

- L'ESB

소에게 치명적인 뇌의 질병인 소 뇌질환병(L'Encéphalopathie spongiforme bovine(ESB)이 연합왕국에서 1986년 처음으로 발견되었는데 그 원인은 소 사료로 동물로 만든 밀가루를 사용한 것이 원인이 되었다. 이 사료는 1994년 7월부터 유럽연합국내에서 사용이 금지되었다. 2000년 10월 1일부터, ESB의 위험을 초래할 위험이 있는 모든 것은 유럽연합회원국내에서 사람의 식품이나 동물 사료에서 제외시 된다.

어떤 국가들은 공동대처보다 더 엄격한 조치를 취하였는데 예를 들어 프랑스는 특별히 위험적 요소가 있다고 판단되는 품목에다 방부제를 포함시켰다. 새로운 전염의 위험을 예방하기 위해 유럽연합은 2001년 1월 1일부터 식용으로 사용되는 소의 경우 30개월이 넘는 기간 동안 소의 뇌에 이상이 있는지를 검사하는 기간을 두고 있다.

광우병으로 인한 시장의 붕괴로 유럽연합은 2001년 3월부터 2002년 3월 21일까지 파기를 목적으로 하는 특별 매입 조치를 시행하였는데 회원국들은 즉시 광우병에 걸린 소를 없애거나 아니면 식품 안전청의 검열 이후 시장에 다시 판매할 때까지 30개월이 넘은 기간동안 광우병 발발 지역에서 생산된 소고기를 저장할 수 있다.

유럽연합은 이 조치에 대해 70%를 지원하고 있다. 게다가 2002년 114백만 유로의 예산이 회원국들이 ESB와 양의 痒疹(양진) 병의 확산을 감시하도록 하는데 지원된다.

• 아프타성 열병

아프타성 열병의 재발은 오염된 고기의 불법적인 수입과 동물 사료에 지방질이 포함된 물을 사용했던 것이 원인으로 밝혀졌다. 아프타성 열병은 80년 말에 유럽에서 근절되었는데 이로 인해 1991년에 예방접종을 하지 않게 되었다.

유럽연합은 아프타성 열병을 없애기 위해 감염된 동물이나 감염의 위험성이 있는 동물들을 모두 죽이도록 법을 제정하였다. 이 법에서는 대규모의 예방접종을 의무화하고 있지는 않다. 그러나 2001년 위기 때 유럽위원회는 네덜란드와 연합 왕국이 병의 확산을 막기 위해 발병 지역 근처의 한정지역에서 예방접종을 실시하는 것을 허용하였다.

### 6) 예 견

다가올 8년 동안, 유럽연합은 공중위생정책과 소비자 보호정책을 더욱 강화할 계획이다. 이에 따라 공중위생과 소비자 보호에 관한 문제에 대해 동일한 조치하에 재구성할 예정이다.

유럽연합은 특히 다음과 같은 조치를 강화할 예정이다.

- 전염성이 있는 병에 대한 감독과 재빠른 경보 체제를 유럽 내에 강화할 것
- 위생체제 문제에 관한 유럽 회원국들 간의 체험 교류를 발전시킬 것
- 유럽연합 내수 시장으로 위험한 상품이 반입되는 것을 막고 나라 간의 속임수에 대처할 것
- 병의 확산에 있어 결정적 요인이 되는 것들에 대해 맞서기 위한 정보 캠페인을 증대시킬 것(음식, 운동 부족, 담배의 지나친 소비 등).
- 유럽 회원국 시민들이 다른 회원국으로 이주했을 경우 건강 안전과 소비자로서의 권리를 좀 더 알 수 있게 할 것.

일반적인 경우, 소비자 보호정책은 회원국들 사이에 매우 다르게 적용될 수 있다. 그러나 재산과 서비스의 자유로운 순환에 있어서 소비자들의 이익에 관한 충분한 보호를 보증하고 규칙의 장애가 되는 요소들과 경쟁의 불균형을 제거하기 위한 공동

규칙을 채택하도록 되어 있다.

2007년에서 2013년 기간에 적용되는 규정들은 소비권에 관련된 방향의 수정과 함께 계약에 관한 유럽 권리를 시행하도록 하고 있다.

마지막으로 소비자들에 대한 유럽연합의 확산정책으로 인해 발생할 수 있는 사항들을 고려해야 하는데 경제, 사회, 위생 그리고 환경회복을 위한 다양한 방법들이 그 대상이 된다.

결론적으로, 소비자 보호는 적합한 조치에 따라 유럽 차원에서 조화의 노력을 필요로 하는 중요한 정책들 중 하나이다.

## 5. 직업과 사회정책

유럽사회기금은 1961년 직업의 용이성과 노동자들의 직업적 그리고 지형적 유동성을 촉진하기 위해 지원을 하였다. 재정적 지원만이 유럽연합의 사회적 성향을 구체화하는 유일한 도구는 아니다. 재정적 지원은 특정 지원의 발전을 저해하거나 위기에 빠진 상황을 막기에는 충분하지 못할 것이다. 상승의 역동적 효과는 우선적으로 사회적 진보를 촉진해야만 한다. 사회적 진보는 또한 최소한의 권리에 대한 초석을 보장해주는 법이 동반되어야 하는데 이 사회적 영역은 남자와 여자의 동등한 노동의 보수의 평등처럼 조약에 정해져 있는 규칙들과 노동자 보호에 우선을 두는 정책과 근무지에 대한 위생과 안전을 통해 마련될 수 있다.

1991년에 사회기본권에 대한 유럽헌장을 채택하면서 마스트리슈조약에서 유럽위원회는 모든 유럽공동체에 있는 노동자들이 혜택을 받아야 하는 권리를 정의하였다(자유로운 왕래, 올바른 수당, 근무조건의 개선, 사회적 보호, 단체결성 및 타협, 직업교육, 노동자들의 상담과 참여, 남녀 간의 대우의 동등성, 근무지의 건강과 안전보호, 아이들, 노인들과 장애인들의 보호).

유럽연합의 지도자들은 유럽연합이 경쟁력과 높은 수준의 인력을 보유한 세계에서 가장 역동적인 집단이 되도록 결의하였다. 이러한 이유로 인해 유럽연합 시민들이 학교, 집 그리고 직장에서 손쉽게 인터넷에 접속할 수 있는 체제를 갖추게 하였는데 기업들과 정부가 더 좋은 서비스를 제공하기 위해 인터넷을 우선적으로 사용할 수 있도록 조치하고 있다. 또 근로자들에게 정보기술을 익히게 하고 이를 일생동안 시민들이 배울 수 있는 기회를 제공하고 있다.

유럽연합의 100백만 유로의 연간 예산의 3분의 1은 직업이 없거나 단순 노동직 근로자들을 교육시키는 것과 함께 경제를 부흥시키고 낙후된 지역에서의 고용창출을 위해 사용된다. 예를 들어 아일랜드와 스페인의 특정 지역 주민들은 20년 전 보다 훨씬 좋은 경제생활을 누리고 있다.[19)]

19) 비록 매년 숫자가 정기적으로 줄어들기는 하지만, 직업병과 근무 중 사고로 인해 수천 명의 유럽연합회원국 시민들이 사망하거나 다친다. 직업의 경우, 유럽연합회원국내에서의 실업율의 계속되는 상승으로 인해 특별한 정책의 필요성이 절실히 요구되었다. 1957년 로마조약에서는 특별한 조치를 통한 사회적 정책을 목적으로 하는 조항들이 그다지 많지 않았다. 이 분야에

유럽연합회원국들의 경쟁력을 상승시키는 것과 직업정책은 이제 "공동 관심사의 문제"가 되었다. 유럽연합은 공동 전략을 통해 직업정책에 관해 회원국들이 긴밀한 협조를 할 수 있도록 하는 사법적 장치를 만들어 이를 위한 회원국들의 정책을 지원하고 있다. 이를 위해 교육과 연수정책, 지역정책, 기술연구와 발전정책, 정보사회의 새로운 기술사용에 관한 지원, 근로자들의 유동성 등 직업 발전에 기여할 수 있는 많은 정책들이 마련되었다.

직업에 관련된 유럽정책은 근본적으로 회원국들 간의 긴밀한 협조에 근거하고 있는데 이 방법은 유럽연합에 대한 전체적 목표와 회원국들 내에서 비교될 수 있는 정책수립을 보장하며 회원국들 사이의 보다 나은 시행 정책의 교환과 더불어 진보적 평가를 기대할 수 있게 해준다.

이 정책은 또한 회원국들로 하여금 경제정책에 있어서의 커다란 방향 제시를 가능하게 해주며 지역 발전을 지원해줌으로써 지역 집단의 직업 개선 방향에 도움을 준다.

실업을 예측하고 직업에 관한 격려를 유도하기 위해, 유럽연합은 3개의 주목표를 가지고 있는데 직업창출, 일의 질과 생산

---

대한 정책으로는 근로자의 자유로운 왕래와 공동시장의 틀 안에서 회사 설립의 자유 등이 주요 내용이었다. 1986년 유럽 헌장에서 사회정책이 보다 중요한 위치를 차지하게 되는데 특히 경제적이고 사회적 단결을 통한 근무지에 대한 건강과 안전분야를 중점적으로 다루었다. 특히 사회정책의 경우 마스트리슈조약에서 보다 개선된 정책이 수립되었으며 직업의 경우 암스테르담 조약에서 유럽연합의 목표들 안에서 "상승된 직업 수준"을 주요내용으로 다루었다.

향상 그리고 사회응집력 등이 그것이다.

남성과 여성 사이의 평등은 이 목표의 중요한 사항으로 고려되어져야 한다.

### 1) 목 표

직업정책 : 2005년과 2010년 사이에 유럽연합은 다음과 같은 사항들을 달성하는데 목표를 두고 있다.

- 2005년에 67% 그리고 2010년에는 70%의 직업률
- 2005년에 57% 그리고 2010년에는 60%의 여성 직업률
- 2010년 55세에서 64세까지의 근로자 50%의 직업률

일의 질 향상과 생산성 : 직업의 내재적 질을 향상시키기 위한 사회적 대화를 강화하는데 있다.

- 평생 교육과 연수
- 직업의 향상
- 남성과 여성 간의 평등
- 근로 건강과 안전
- 유연성과 안전
- 노동 시장의 투입과 접근
- 직업적 삶과 개인 삶 사이의 균형
- 사회적 대화와 근로자들의 참여
- 다양성과 비-인종차별

사회 응집력과 동화 : 노동시장에 대한 인종차별에 대처하면

서 일할 수 있는 사람들 모두에게 양질의 직업을 가질 수 있도록 하는데 있다.

경제와 사회응집력을 높이기 위해 유럽연합은 다음과 같은 사항에 중점을 둔다.

– 직업과 실업에 관한 지역적 불균형의 격차를 줄이는 것
– 직업분야에서 유럽연합 내에 불리한 지역들이 지니고 있는 문제들을 다루는 것
– 경제와 사회적 전환을 긍정적으로 지원할 것

이 세 가지 주요 목표를 달성하기 위해 유럽연합회원국의 정부들은 다음 10가지의 주요방책을 추진하고 있다.

– 실업자와 비경제활동자들에 대한 능동적이고 예방적 대처
– 직업 창출과 기업 정신
– 직업에 대한 적응 능력과 유동성 촉진
– 평생 교육과 연수를 통한 능력발전 촉진
– 일자리를 창출하고 경제활동을 할 수 있는 고령화 촉진
– 남성과 여성 간의 평등
– 노동 시장에서 환대받지 못하는 사람들의 경제활동 재개 촉진과 이런 대상자들인 인종차별에 맞선 투쟁
– 좀더 흥미로운 재정적 지원을 통한 직업을 갖고자 하는 관심의 독려
– 정식으로 신고되지 않은 일자리를 정규직으로의 변환
– 직업에 관련된 지역적 불평등의 축소

### 2) 직업에 관련된 건강과 안전

각 국가는 모든 기업가들과 근로자들 모두가 따라야 하는 근로에 관련된 건강과 안전 규칙을 나름대로 가지고 있는데 유럽 헌장은 회원국가들이 반드시 지켜야 할 최소한의 조건들을 명시하고 있다.

유럽 헌장에 명시된 규칙들을 살펴보면 다음과 같다.

- 문서화된 근로 계약서를 만드는 것에 대한 의무화
- 하루 근로 시간에 대한 제한
- 자식이 있는 여성 근로자들에 대한 사회적 보호
- 방사선으로부터의 노출 금지
- 15세 미만의 청소년의 근로 금지와 15-18세 나이에 대한 근로 규칙 제정(노동 시간, 야간작업, 의무적 휴식 등).
- 화학, 물리 그리고 생물학적 요인들에 대한 보호
- 컴퓨터 화면을 보고 근무하는 경우
- 석면에 대한 노출

1989년에 채택된 근로자들의 기본적 사회권에 대한 공동 헌장은 회원 국가들이 사회적 보호와 최소한의 임금 그리고 정년퇴직 후의 삶에 대해 보장을 하도록 정해놓고 있다.

매우 많은 분야들이 근로자들의 권리와 근무지에서의 보호에 대해 매우 구체적인 방법으로 강화하는 규칙들의 대상이 되고 있다.

또한 유럽의 특별 기관들이 근로자들의 건강과 안전을 보장하는 책임을 맡고 있다 ;

– 아일랜드 뒤블린에 있는 유럽 재단은 근로자들의 삶과 근무조건의 개선문제를 담당하고 있다

– 스페인 빌바오에 있는 유럽기관은 근무시 안전과 건강을 책임진다.

### 3) 남성과 여성 간의 평등

직업과 관련하여 남성과 여성간의 동등한 대우를 보장해주는 의무조항은 1957년 로마조약에 이미 명시되어 있다. 남성과 여성간의 평등에 관한 유럽연합의 조치는 단지 직업에 관련된 분야뿐 아니라 모든 다른 활동에서도 적용된다.

남녀평등정책은 모든 분야에서 남성과 여성간의 동등한 대우를 보장하기 위한 긍정적 활동과 더불어 성의 차원에서의 통합을 촉진하고 불평등을 제거하는데 그 목적을 두고 있다.

2006년 12월에 창설된 남성과 여성 간의 평등을 위한 유럽협회는 2008년 초부터 활동을 개시할 예정이다. 빌니우스에 위치한 이 협회는 남성과 여성간의 평등을 촉진하기 위한 회원국들의 활동계획에 기술적 조언을 가져다 줄 것이다.

### 4) 재정적 지원

2007년에 유럽연합예산 중 "직업과 사회 문제" 정책분야에 할당된 금액은 11,421억 유로이다.

유럽사회기금과 다른 공동 계획들의 중재를 통해, 유럽연합은 회원국들 내의 직업 연수활동과 직업 활동 재개, 그리고 노

동 시장에서의 인종차별에 맞서는 혁신적인 계획들을 재정적으로 지원해준다.

그리고 유럽지역 정책에 따라 어려움을 겪고 있는 지역에 직업 창출을 지원하여 유럽연합내의 균형 있는 발전을 꾀한다.

### 5) 적용 실례

① 직 업

많은 내용들이 인종차별에 대한 문제와 특히 남성과 여성 사이의 평등에 관련된 문제를 해결하는 것을 골자로 하는 문서로 채택되었다.

공동 근로권이 집단적 해고, 회사가 이전하는 경우 근로자들의 권리 유지, 그리고 근로자들의 정보와 상담 등, 근로자들의 집단적 행위에 대한 보호를 목적으로 발전되었다.

② 직장에서의 건강과 안전

1996년 12월 16일 채택된 조항에서 유럽 회원국 내의 다른 나라로 파견 근무를 나간 근로자들에 대한 조치를 언급하고 있는데 기업들은 파견근무를 나간 근로자들에게 근무를 하는 장소의 근무조건을 적용하도록 하고 있다.[20)]

---

20) **신경통** : 직업으로 의한 신경통으로 고통 받는 근로자들의 수가 점점 늘고 있는 상황에서 유럽위원회는 직업으로 인해 발생하는 근육-신경통을 예방하는 조치와 신경통에 걸린 근무자들을 재교육시키는 근로 규정을 정해놓고 있다.
**스트레스** : 근무로 인한 스트레스 문제를 해소하기 위해 많은 연구들이 진행되고 있다.

③ 조합권

1990년 제정된 유럽 헌장에서는 근로자들의 기본적 사회권리에 대해 언급하고 있다.

- 근로자들이 이익을 수호하기 위한 조직체를 자유롭게 구성할 수 있는 권리
- 집단 협약을 협상하고 결정할 수 있는 권리
- 집단적 행동과 파업을 할 수 있는 권리

이러한 권리들은 2000년 12월 7일 니스에서 열린 유럽의회에서 유럽연합의 기본권을 다루는 유럽 헌장에서 다시 명시되었다.

유럽연합의 다른 국가에서 근무하는 근로자들은 자신이 일하는 국가의 근로자들과 동등한 집단 권리를 가진다. 즉, 자신의 선택에 따라 조합에 가입하고 대표자들을 선출하는데 투표하거나 조합선출 후보자로 나갈 수 있다.

## 6. 문화정책

유럽연합은 근본적으로 경제에 관한 사항을 위해 구성된 것이지 문화적 협동을 위해 만들어진 것은 아니었지만 현재 문화에 관련된 정책을 매우 빠르게 시행하고 있다.

1977년부터, 유럽위원회는 문화정책 시행에 대한 첫 번째 계획안을 시행했는데 80년대 중반, 위성을 통한 방송의 발전으로 인해 방송에 관련된 공동시장의 설립과 1989년 10월, 국가 간의

텔레비전 강령의 채택에 대한 논쟁을 포함한 계획안을 제안했다.

그러나 유럽공동체가 문화 영역에서 경쟁체제를 갖추어야 한다는 것을 예측한 것은 1992년 마스트리슈조약에서이다. 이 조약은 다양한 국가들이 공통의 문화유산을 강조하면서 유럽 회원국들의 문화의 확산에 유럽연합이 공헌해야 한다고 명시하고 있다. 이러한 사항은 1990년 논쟁을 통해 문화적 다양성이 특히 유럽연합회원국들에게 영화와 시청각 분야에 있어서 공동지원체제를 유지함으로써 가능하다는 결론을 내리게 된다.

### 1) 목 표

문화정책이란 회원국들이 자국의 문화적 다양성을 존중하면서 공동 문화유산을 만들도록 회원국들의 문화 확산에 기여하는 정책을 의미한다. 구체적으로 문화에 관련된 공동정책은 다음과 같은 목표들을 추구한다.

- 다양성의 창출을 지원하고 이 분야에서의 경제적 발전에 기여할 것
- 국가간 문화와 전통의 다양성을 존중하면서 문화유럽공동체에게 소속감을 강조할 것
- 사회 통합의 요소로서 문화에 대해 유럽 시민들의 접근을 용이하게 할 것 ; 무용, 오페라, 미술, 조각, 사진, 건축, 국가적 유산물, 시청각(텔레비젼, 멀티비디어, 전자 출판 등).
- 상업적이지 않은 문화 교류를 지원할 것
- 문화분야에서의 직업에 관한 잠재성을 개척할 것
- 유럽연합국들의 문화적 다양성을 촉진할 것
- 세계 속에 유럽 문화의 영향력 증대에 기여할 것

### 2) 기 능

#### 공동정책

유럽연합은 문화지원정책이 회원국들에 의해 충분한 방식에 도달할 수 없을 경우에만 개입한다. 공동정책은 따라서 회원국들의 행위를 대체하는 것이 아니라 문화 협력을 지원하기 위한 보조지원방식을 통해 목적을 충분히 이룰 수 있게 도와주는 것이다.

공동정책은 한편으로 문화적 재산의 교류와 경쟁에 관한 좋은 조건을 제시하는데 중점을 두는 한편 보조원칙을 준수하면서 회원국들의 문화적 주체자들 사이에 협동을 지원한다(즉, 회원국들 지역사회나 단체들이 이미 시행한 것들을 대체하지 않고).

문화정책은 고립된 방식으로 진행되어질 수 없으며 오히려 유럽연합의 정책들의 큰 틀 속에서 시행되어져야 하는데 예를 들어 지역정책은 지역의 문화재산을 지원하는 것처럼 유럽의 정책수행이 문화적 차원을 수반해야 한다.

### <지역 발전에 대한 유럽연합의 지원>

단결정책이라고도 불리는 유럽연합의 지역정책은 유럽연합의 지역 간 발전의 격차를 줄이려는 노력에 초점을 맞추고 있다. 이 격차는 2007-2013 계획기간에 대해 정의되어졌던 새로운 지역정책으로 인해 최근 확산되고 있다. 연대감을 강조하면서 지역정책은 유럽연합국들의 경제적이고 사회적 결합을 조장한다.

유럽연합의 지원은 국가, 지방 그리고 지역적 지원과 함께 시행되어야 최대 효과를 얻을 수 있으며 이 정책은 구조적이라고 불리는 재정적 방법으로부터 시작하여 다양한 많은 결합 방식에 맞추어 실제적인 방법으로 진행된다.

## 7. 환경에 관한 유럽정책

유럽연합회원국 시민들의 삶에 막대한 영향을 끼치는 환경보호, 건강, 기술 혁신, 에너지 등에 관해 정책을 펼친다.

환경분야에서 유럽연합의 행동 조치는 "환경 2010 : 우리의 미래, 우리의 선택"(Environnement 2010 : notre avenir, notre choix)이라는 제목의 활동 프로그램을 나타내는데 여기서는 다음과 같은 사항들을 강조하고 있다.

- 기후 변화와 지구 온난화를 예고하고 완화시킬 것
- 야생 동물과 식물과 더불어 천연서식환경을 보호하기
- 환경과 건강에 관련된 문제를 다룰 것
- 천연자원의 유지와 폐기물 관리하기

이밖에도 소음, 화학물질, 산업재해 그리고 산불이나 해양오염 등과 같이 환경보호 차원에서의 재해 등 다루어야 할 문제는 매우 다양하다.

최근 건강과 관련된 오염에 대한 심각한 우려가 생겨나면서 "환경과 건강"이라는 활동계획을 통해 건강과 환경 그리고 탐구정책 사이에 연계를 꾀하고 있다. 지구의 자연에너지 자원의 개발은 기후변화에 대처하는 하나의 방법이다.

유럽연합은 유럽의 미래가 유럽인들의 능력에 달려 있다는 것을 인식하고 공동으로 진행될 연구에 투자를 하고 있다. 특히 연구과 기술발전을 위한 7단계 프로그램은 2007년부터 2013년에 걸쳐 진행될 예정인데 50억 유로가 건강, 식품 그리고 농업, 정보기술과 통신기술, 나노과학, 에너지, 환경, 교통, 안정, 사회, 경제학문 분야에 투자될 예정이다.

유럽연합의 에너지 소비 중 거의 80%가 석유, 천연가스 그리고 석탄에 의존하고 있다. 여기서 주시해야 할 사항은 이러한 연료의 상당수가 유럽연합 밖에서 들어오고 있다는 점이다. 가스와 석유 수입에 있어서의 의존도는 오늘날 60%이며 2030년에는 70%를 넘을 것으로 예상된다. 유럽연합은 국제경제 파동에 의해 야기될 가격의 상승과 공급중단에 대처할 방법을 모색해야 한다. 또한 지구의 온난화 현상을 야기시킨다는 점에서도 이러한 화석 연료의 의존도를 줄여야 할 필요성을 절실히 느끼

고 있다. 이러한 정책들을 수행하기 위해 매년 120억 유로가 넘는 돈을 예산편성하고 있다. 이 예산은 유럽연합회원국들이 자국의 수익 중 1.24%를 투자함으로써 지원된다.

유럽연합 시민들은 환경보호와 관련된 문제에 굉장히 민감하다. 바로 이러한 이유로 해서 유럽연합은 환경을 보존하고 지속적인 발전을 증진시키고, 특히 지구 온난화와 기후변화의 책임이 있는 것으로 알려져 있는 온실효과(effets de serre)를 내는 가스 방출을 줄이기 위한 교토 의전서를 실행하기 위한 노력을 기울이고 있다.

2005년 유럽연합은 공업에 종사하는 기업들이 일정 한도 내에서 오염시키는 권리를 사거나 팔 수 있도록 허가해 주는 방출할당 교환혁신체계를 도입하였다.

오염은 국경이 없기 때문에 유럽연합의 회원국들은 환경을 보호하기 위해 많은 분야에서 공동 전선을 폈다. 유럽의 해변과 강이 좀 더 깨끗해지고, 자동차들이 매연을 덜 내 품고 폐기물 제거가 엄격한 규칙에 따라 행해지는 것은 놀라운 일이 아니다. 예를 들어 유럽에서 위험한 폐기물을 빈곤한 나라에 버리는 일은 더 이상 발생하지 않는다.

유럽연합 내에서 교통, 산업, 농업, 에너지 그리고 관광이 천연자원을 훼손하지 않고 발전되어질 수 있는 방법으로 이루어지고 있는데 한마디로 말해서 지속될 수 있는 발전을 꾀함으로써 미래에 유럽 시민들의 필요로 하는 것을 조달해 줄 수 있게 한다.

공기와 물의 오염은 국경이 따로 없기 때문에 27개국의 유럽 회원국들은 환경에 관련된 공동정책을 추진하고 있는데 환경에 대한 정책이 충분하지 않은 경우에만 개입한다.

환경에 관련해서 유럽연합은 시민들의 건강 보호를 최우선으로 하면서 회원국들의 천연자원을 보존하는데 역점을 둔다. 또한 폐기물 관리, 소음공해, 공기오염, 물오염, 자연보호와 산업재해 등과 같이 다양한 분야에도 개입한다.

환경보호는 국경과 관계없이 중요한 문제이므로 유럽연합은 다른 공동정책들이 이를 충분히 고려하여 시행할 것을 명시하고 있다.

국제적 타원에서 유럽연합은 지구환경 문제에 대한 대처방법을 취하고 있는데 환경과 관련된 외교정책에서 중요한 역할을 하고 있다.

### 1) 목 표

환경에 관련된 유럽정책의 목표는 환경의 보존과 보호 그리고 개선, 인류의 건강보호와 국제적 차원에서 천연자연의 신중하고도 합리적 사용, 환경에 관련된 지역적 또는 지구 차원에서의 문제에 대처하는 조치 등이다.

이 정책은 다음 두 가지 주요 원칙에 의거한다.

① 예방원칙

과학적으로 확실하게 입증되지 않아 위험의 정도를 평가할 수 없는 경우, 유럽연합은 시민의 안전을 보장하기 위해 다양한 방법 중 채택하여 시행여부를 결정한다.

② 환경오염-파괴자 벌칙 원칙

환경에 피해를 입힌 사람 또는 단체는 그로 인해 입은 피해를 복구하기 위해 일정 양의 돈을 지불한다.

게다가, 유럽연합은 기업들의 환경을 고려한 기업정책을 지원함으로써, 환경조건이 개선되는데 유익한 환경을 고려한 상품의 지속적 생산을 보장해 준다.

이 두 가지 주요 원칙 이외에, 환경을 보존하고 질을 개선하기 위한 천연자원에 관련된 6가지 주요 분야가 있는데 유럽연합은 특히 에너지와 관련된 천연자원의 보존에 역점을 두고 있다.

• 온난화로 인한 공기와 가스오염

모든 유럽이 깨끗한 공기를 마실 수 있도록 하기 위해, 유럽연합은 CAFE(Clean Air For Europe)라고도 불리는 "유럽을 위한 깨끗한 공기(Air pur pour l'Europe)"라는 프로그램 틀 안에서 공기 오염의 주범에 대한 보다 엄격한 기준을 시행하고 있다.

기후변화의 가속화를 피하기 위해 유럽연합은 2008-2012년까지 1990년과 관련하여 8%의 온실효과를 가져오는 가스 방출을 줄이기로 결정하였다. 이를 위해 온실효과의 가스 방출 쿼터

교환제도를 2005년부터 실시하는 이 절차에 결정적 역할을 하였다.

• 물의 오염

지상에 흐르는 물과 지하수 자원을 보존하기 위해 유럽연합은 해양오염에 대처한 물에 관련된 수질보호정책을 실시하고 있다.

• 동물집단과 식물군

유럽연합의 목적은 자연 생태계를 보호하는 것으로서 특히 유럽 지역의 15%에 해당하는 2000개의 자연 보호단체 조직망을 통해 야생 동물들과 식물들의 종족 보호에 초점을 맞추고 있다.

• 폐기물

위험한 폐기물들의 유통을 금지하며 회원국들로 하여금 최소한의 폐기물을 생산함과 동시에 포장지의 재활용을 하도록 권장하고 있다.

• 소음 공해

유럽 회원국들의 상황을 고려하면서 환경 속에서의 소음 공해에 대한 규칙을 정해놓고 있으며 특정 기계의 소음 정도에 대한 규정과 함께 공동 지역 위로 소음을 내는 비행기가 지나다니는 것을 금지하고 있다.

• 인류의 건강을 보호하는 것

2003년부터 건강, 환경 그리고 연구 분야들 간의 보다 더 긴밀한 협조 하에 건강 보호에 대한 정책을 수립하고 있다. 목적은 오염의 근원과 건강의 관계를 보다 더 잘 이해하고 문제에 대해 보다 더 많은 의견을 나누는데 있다.

유럽연합은 시민들이 건강에 관련된 보다 나은 선택과 환경/건강의 상관관계에 있어 각 분야의 전문가들로부터 보다 정확한 정보를 알 수 있도록 필요한 정보를 제공한다.

- 민간보호와 생태학적 사고

2001년에 창설된 유럽연합의 민간보호정책 하에 재난을 당한 국가들에게 유럽 30개국의 지원 협조를 하고 있다. 또한 예방 원칙에 근거를 두고 회원국들에 의해 제공된 자원의 효율성을 개선하기 위해 다양한 실험들을 실시하고 있다.

## 환경적 민주주의 : 환경정책을 설립하는데 시민들을 참여시키는 것

유럽연합의 모든 회원국들과 유럽공동체는 아루스 조약에 가입되어 있는데 이 조약은 환경과 관련된 프로그램이나 계획안을 정하는데 보다 많은 시민들의 참여를 유도한다. 이 국제 조약은 시민들로 하여금 정보에 대해 접근할 수 있는 동시에 주요 절차에 참여하고 환경에 관련된 법조항을 위반하는 경우 제소할 수 있도록 해준다.

### 2) 기 능

환경은 유럽공동체와 회원국들이 공유하는 중요한 사항이다. 유럽공동체는 70년대부터 환경문제에 대한 심각성을 자각하면서 이 문제에 신경을 쓰기 시작하였는데 1992년 마스트리슈조약 이후, 이 분야에 관련된 결정 사항들은 공동합의 절차에 따라 이루어지고 있다.

**다양한 정책 : 환경에 관련된 6번째 행동 조약**

이 조약에서 유럽연합은 2010년까지 시행해야 할 행동 조약들을 규정하고 있다. 이를 위해 기후, 자연, 생화학, 건강, 천연자원, 폐기물들의 주요내용들과 함께 환경보존을 위한 재정적 지원을 위해 156개의 조항을 정하였다.

### 3) 재 정

환경보호와 관련된 정책을 수행하기 위한 재정적 지원으로 유럽연합은 2007년에 200백만 유로의 예산을 책정했는데 이 프로그램은 환경을 보존하면서 산업을 발전시킬 수 있다는 가능성을 보여주는 예 혹은 혁신적인 방법을 지원한다.

이 공동재정지원 이외에 유럽 투자은행과 국가원조기금 또는 환경세 등과 같이 회원국들에서 취하는 조치들을 통해 재정지원을 받는다.

#### 4) 적용 예

구체적으로 환경과 관련된 유럽연합정책은 여러 가지 실용적 조치를 시행하고 있다.

- 교통에 관련된 공기오염을 줄이기 위해 유럽연합은 생화학 연료를 사용하도록 권장하고 있다
- 1996년부터 유럽연합은 공업지역에서의 물, 공기 그리고 대지 오염에 이르는 산업오염에 관한 문제를 다루고 있다.
- 유럽연합은 특정한 산업용품에 대해 환경-레벨(전기기계, 전구, 페인트 등) 표시를 부착하여 유통기간 동안(생산, 사용, 폐기) 환경을 오염시키지 않는다는 표시를 하고 있다.
- 2002년부터 유럽연합은 환경 속에서 소리 공해에 관한 기준을 정하고 있는데 회원국들은 십만명이 넘는 주민들이 살고 있는 도심 밀집지역과 주요 고속도로, 철도 그리고 공항 근처의 지역에 대한 소음표(cartes de bruit)를 만들었다.

#### 5) 예 측

생태계 보호를 위해 유럽위원회는 생태체계와 동식물 종의 멸종을 막기 위한 거대한 계획을 세우고 있는데 주민들을 포함한 생태지역 보호, 해양환경, 지구온난화, 환경파괴 요인의 제거 등 모든 유형의 환경보호를 위한 조치를 취하고 있다.

## 8. 교통정책

사람들과 상품의 자유로운 왕래에 필수불가결한 정책인 교통정책은 로마조약 이후 공동정책의 일부가 되었다.

50년 전부터 유럽은 국가 간의 지역장벽을 제거하고 지역적 불균형을 축소하는 것을 골자로 사람과 상품 교류를 원활히 하는데 노력해왔다. 이러한 개방은 교통체증, 안전, 오염 등 비록 새로운 문제를 야기시키기는 하지만 넓게는 경제활동인구, 관광객, 소비자들에게 이롭게 작용하였다.

많은 시도들이 이 공동정책 발전에 공헌하였으며 특히 교통에 대한 인프라구조를 통한 성장을 강조한 1993년 자크 들로르의 백서는 뛰어난 계획안으로 손꼽힌다.

### 1) 목 표

교통분야의 다섯 개의 주 유형(도로, 철도, 해양, 강 그리고 항공)에 대해, 유럽연합은 시민들과 환경의 안전을 보장하면서 경제적인 성과를 높이는 공동목표를 정해 놓고 있다.

### 2) 기 능

• 교통분야의 경제적 성과 높이기

유럽의 거대 시장에 대한 혜택을 보다 높이기 위해, 유럽연합은 교통시장의 개방을 지지하고 균형있는 경쟁을 보장한다. 도로망의 포화를 피하기 위해 유럽연합은 철도분야의 재활성화를 지원하고 단거리에 대해 강을 이용한 해양교통과 같은 선택적 수단을 강구하고 철도와 같은 교통의 다양한 방법들 사이의 긴밀한 협동체제를 마련한다.

유럽연합회원국들간의 교역을 강화하기 위해 유럽연합은 우선적으로 철도망을 중점으로 한 30개의 주요 우선정책을 지원하면서 교통에 관련된 진정한 유럽교통망의 발전을 지원한다. 유럽교통망(réseau transeuropéen de transport(RTE-T)은 또한 위성을 통한 방향탐지 비행, 국제철도망, 항공경영의 현대화와 같은 체제를 목적으로 하는 커다란 산업프로그램을 지원한다.

• 승객의 안전과 권리를 보장하기

유럽연합은 승객의 안전과 권리를 보장하기 위해 유럽항공안전국(l'Agence européenne de la sécurité aérienne), 유럽해양안전국(l'Agence européenne de sécurité maritime) 그리고 유럽철도국(l'Agence ferroviaire européenne)의 세 주요기관을 지원하고 있다. 또한 근무에 관련한 최소한의 안전규범을 지정하면서 교통분야에서 일하고 있는 근로자들을 보호하는데 애를 쓰고 있다.

도로안전과 관련해서 2010년까지 유럽도로에서 사망자수의 절반을 줄이기 위한 정책을 마련하고 있다. 그리고 테러리스트들의 위협에 대응하기 위한 안전정책이 시행 중인데 공동검역이 공항과 유럽연합회원국들의 항구에서 정규적으로 실시되고 있다.

또한 승객의 권리를 보장하는데도 관심을 쏟고 있으며 고립되거나 주변적 상황에 있는 지역을 위해 공공 서비스의 의무화를 유지한다.

• 환경을 보호하는 것

우선과제로 교통으로 인한 환경의 훼손(물과 공기오염, 소음공해)을 줄이기 위해 유럽연합은 환경을 고려한 교통수단의 재균형을 지원하며(철도, 단거리용 강과 바다 교통) 해양안전을 보장하고 해양오염을 예방하기 위한 조치들을 취하고 깨끗한 도시교통의 발전을 장려하며 풍경, 동물과 식물의 재해를 고려하여 도로 건설을 추진한다.

### 3) 재 정

유럽지역 발전기금이 특히 발전이 늦은 지역과 거리가 먼 지역의 교통 인프라구축을 위해 재정을 지원한다.

유럽교통망에 관련해서는 유럽교통망(RTE: réseaux transeuropéens)라고 불리는 예산이 특별히 지원되는데, 기금의 절반은 교통의 인프라 구축에 사용되며 유럽투자은행 역시 유럽교통망에 재정적 지원을 하고 있다.

마르코 폴로 계획은 도로 운송망의 일부를 환경을 좀 더 고려한 교통수단 쪽으로 전환하기 위한 교통혁신 계획안으로서 특히 육지를 통한 교통망의 협소를 해소할 목적으로 "바다의 고속도로"라는 계획에 중점을 두고 있다. 그리고 씨비타(Civitas) 계획을 통해 좀 더 균형적이고 환경을 고려한 도심 이동을 위한 혁신적인 해결방안을 마련, 도시의 교통문제를 해결하고 있으며 퀴트(Cute) 계획은 유럽의 특정 도시에서 수소로 가는 버스의 운행을 지원하고 있다.

### 4) 실 예

• 도로교통

1993년부터 유럽연합국 내에 설립된 운송회사는 유럽회원국 사이에 상품을 자유로이 운송할 수 있다. 근무시간과 사법제도가 대형트럭에 대한 과세와 더불어 적절히 조화를 이루고 있다(장비, 운전시간과 휴식시간).

특히 안전벨트의 의무화와 함께 도로안전에 관한 법을 시행하고 있으며 환경을 보호하기 위해 자동차 매연을 제한하는 공동법이 시행되고 있다.

• 철도교통

유럽의 교통 인프라구조의 30개의 우선적 계획안 중 80%가 철도와 관련이 있다. 유럽연합의 지원으로 유로스타 고속전철은 파이에서 런던까지 2시간 15분 걸린다. 2000킬로가 넘는 고속전철 철로가 현재 유럽에서 건설 중이다.

• 해양교통과 강을 이용한 교통

1999년 12월 에리카의 난파 이후, 선박의 안전을 강화하고 해양환경을 보호하기 위한 정책이 수립되었다. 이러한 조치들을 시행하기 위해 유럽연합은 유럽해양안전국을 창설하였다.

• 항공교통

80년대부터 항공교통의 자율화로 인해 유럽 내를 운행하는 항공에 대한 낮은 가격을 부여하는 항공사들이 생겨났다. 2003년 이후, 유럽항공안전국은 새로운 비행기들에 대한안전증명서를 발급함으로써 안전에 있어서 높은 수준을 보장하고 있다.

게다가, 유럽 법에 의해 비행기가 취소되거나 연착되는 경우 혹은 탑승 거부시 항공사가 승객에게 보상하도록 하고 있다. 2006년 3월 22일 유럽위원회는 유럽연합 내에 은행이 금지되는 항공사들의 목록을 정하였다. 안전하지 않다고 판단되는 92개의 항공사를 언급하고 있는 이 목록은 회원국들의 경험을 바탕으로 한 항공안전에 관한 전문가 위원회의 조사를 바탕으로 작성되었다.

다가올 미래를 위해 유럽연합은 교통체증, 환경오염과 불안전에 대한 지속적인 발전 계획을 수립할 예정인데 이를 위한 몇 가지 주요사항들이 있다 ;

- 보다 균형있는 교통의 분할을 위한 진정한 교통방식의 현실화
- 공동해양 지역의 발전
- 강을 이용한 교통의 활성화
- 항공수송 능력의 강화
- 도로교통분야의 재구성
- 운송료에 관한 철도망 설립
- 인프라 구조의 요금 결정

어떻게 하면 자유시장 속에서 공공서비스를 확실하게 할 수 있는가? 하는 교통에 관련한 사회적 효과에 대한 질문이 제기되는 가운데 경제적 수익 서비스에 대한 심도 있는 방안이 진행중에 있는데 공공서비스의 의무화 규칙이라는 새로운 계획안이 2005년 7월에 발표되었다.

## 9. 범죄에 대한 사법 공조

유럽 시민들은 유럽연합회원국의 영토에서 자유롭게 왕래할 수 있지만 국제범죄나 테러는 오늘날 유럽인들에게 가장 신경 쓰이게 하는 현상들이다. 자유로이 왕래할 수 있다는 것은 유럽 시민 개개인이 동일한 안전과 법의 보호를 받을 수 있다는 것을 의미한다. 자유왕래는 유럽연합회원국들에게 내부 국경 통제를 상실하는 것과 연관된 안전에 관한 문제를 숙제로 남겨놓았다. 따라서 외부 국경의 공동 방어와 범죄에 대항하기 위해 경찰과 사법기관의 공조를 강조하면서 이러한 통제의 상실을 바로 잡기 위한 노력이 절실하다.

외부 국경의 통제와 불법 이민에 대한 효과적인 대처방법을 위해 유럽연합국들 간의 공조는 이민에 대한 불법조직망을 조직하고 마약을 들여오고 특히 여자와 아이들을 수출하는 범죄집단에 대항하기 위해 반드시 필요하다. 특히 마약은 가장 취약한 부분으로서 경찰의 국제협력이 필요하다. 조직화된 범죄는 점점 더 고도로 치밀하고 복잡해지며 유럽 또는 국제조직망을 정기적으로 이용한다. 이런 마약이나 조직화된 범죄에 효과적으로 대처하기 위해 쉥겐 정보체계(SIS)가 창설되었는데 이것은 인정받는 사법기관과 무력기관들이 수배자나 수배물품에 대한 조사목적으로 자료를 서로 교환할 수 있게 해줄 수 있게 해 주는 체제로서 예를 들어 체포영장이 발부되어 수배된 용의 자나 범죄인의 인도 혹은 수배차량이나 도난당한 예술품 등에 대해 정보를 교환하는 공동수사 체계이다.

불법자금에 대한 추적 또한 범죄를 예방하는 가장 좋은 방법 중에 하나이다. 범죄조직의 재정을 흔들어 놓기 위해 유럽연합은 돈세탁에 대한 사법제도를 강화하고 있다. 최근 공권력 사이의 공조 중 가장 두드러진 것이 유럽연합 산하기관으로 헤이그에 위치하며 경찰공무원들과 세관원들로 구성된 유로폴이다. 이들은 마약범죄와 도난차량, 그리고 불법 이민조직망과 여성과 아이들의 성목적의 수출범죄, 포르노 제작, 사기, 방사능과 원자 물질의 유통, 테러, 돈세탁, 유로화 위조 등의 업무를 맡고 있다.

유럽연합 내에서 국경을 기준으로 서로 다른 사법체계가 존재하고 있었는데 유럽연합회원국들 사이의 사법제도에 원활한 협조의 중심 구조 역할을 담당하는 것이 2003년 헤이그에 설치된 유로저스트(Eurojust)이다. 이 기관은 여러 유럽연합회원국에서 발생된 범죄에 대한 수사를 공동으로 진행할 수 있도록 허용한다. 2004년 1월부터 몇몇 유럽연합회원국들 사이에서만 적용되던 유럽 체포영장은 일상적으로 범죄인의 인도에 있어서의 오랜 시간이 걸리는 점을 고려하여 만들어진 제도이다.

범죄가 국가를 초월하여 발생한다는 특성은 유럽연합의 공동 형법정책의 변화를 요구하는데 왜냐하면 경범죄에 대한 다른 정의들은 사법적 협력을 요구하기 때문이다. 이 정책의 목적은 유럽연합으로 하여금 테러와의 전쟁을 위하고 한 차원 높게 시민들을 보호하며 국제협력관계를 더욱 강화할 수 있게 하는데 있다.

민법의 경우, 유럽연합은 이혼, 별거, 자녀 양육 그리고 식품안전을 다루는 범국가적 사건들에 대해 사법결정의 적용을 용이하게 해주는 사법제도를 마련하고 있는데 유럽연합회원국 중 한 나라에서 이와 관련된 사법결정은 다른 회원국에서도 동일하게 적용되어져야 한다. 유럽연합은 부채징수와 파산과 같은 그다지 중요하지 않는 민사상의 사건에 대해 절차를 단순화하고 시간을 단축하기 위해 공동절차를 마련하였다.

## 10. 평화와 안정성 유지

평화가 진정한 정치계획으로 구체화되기 전에 유럽인들의 생각은 철학과 공상적 틀 속에 제한되어 있었다. 유럽을 하나의 단위로 묶으려는 생각은 인문주의적이고 평화적 이상이었을 뿐이었다. 20세기 초에 발생했던 세계대전으로 인해 유럽 대륙은 찢기어져 나갔다. 새로운 희망이 떠오르는 것을 보기 위해서는 세계 제2차 대전 동안 전체주의에 대항하는 운동에서 비롯된 성찰을 기다려야 했는데 국가 간 대립을 넘어서 지속될 수 있는 평화조건을 만들어내는 것이 그 핵심이었다.

로베르 슈만, 윈스턴 처칠과 같은 국가 수뇌부 인물들이 1945년과 1950년 사이에 국민들을 설득하여 새로운 단합을 이끌어 내기 위해 모였다. 그들이 원하는 단합의 주요핵심은 각 국가의 평등과 법의 수호를 보증하는 조약을 통해 공통의 관심 속에서 유럽의 구조화된 조직을 만드는 것이었다. 당시 프랑스 외무부 장관이었던 로베르 슈만은 1950년 5월 9일 장 모네의 생각을 이어 석탄과 철에 관련된 유럽공동기관을 만들 것을 제안하였다. 전쟁의 주요 자원이었던 석탄과 철이 화합과 평화의 도구로 바뀌는 순간이었다.

유럽연합국 간의 전쟁은 지난 50년간 이들 사이에 조성된 일체감으로 인해 더 이상 존재하지 않는다. 이를 바탕으로 유럽연합은 국경을 초월해 평화와 안정을 유지하고 있다. 투쟁의 발단을 피하기 위한 최선의 방법은 전 세계에 보다 커다란 번영을 이루는 것이다. 세계에서 가장 강력한 경제력을 가진 유럽연합은 세계무역을 지배하는 균형 있는 규칙을 세우기 위해 영향력을 행사한다. 또한 가장 가난한 나라들도 혜택을 받을 수 있는 세계화는 무엇인지에 대해 늘 생각한다. 유럽연합은 이미 개발도상국들에게 많은 인류애 차원에서 많은 경제적 지원을 아끼지 않고 있다.

유럽연합은 군대와 경찰들을 파견하였는데 예를 들어 발칸반도에서 유럽연합군들은 OTAN을 대신하여 평화를 유지하는데 한 몫을 담당하고 있다. 이런 행위는 유럽연합의 공동의 안전과 외무정책의 수호라는 명목하에 이루어진다. 유럽연합은 특히 좀 더 나은 안정성과 번영을 이루기 위해 옛날 소련 공화국인 인근 동부유럽 국가들과 남부유럽 국가들을 돕기를 갈망하고 있다.

유럽연합은 민주주의 국가들이 공통의 관심사 속에서 경제적이고 정치적인 수단을 성공적으로 단일화할 수 있다는 것을 보여주고 있는데 이는 세계의 다른 지역들에게 본보기가 될 수 있다.

## 11. 연대감에 관련된 정책

연대감정책은 근본적으로 내수 시장의 현실화와 낙후된 지역 또는 어려움에 처해 있는 생산분야를 위해 구조적 조치를 통해 불균형을 해소하려는 목적을 가지고 있다. 유럽연합회원국들과 지방간의 연대감에 대한 절대적 필요성은 수익이 유럽연합국의 평균보다 낮은 12개의 나라가 새로 가입하면서 더욱 중요시되고 있다. 또한 유럽연합은 팽창하고 있는 세계화 경쟁을 통해 지속적으로 민감한 활동분야에 대한 재전환을 위해 투자를 해야 한다.

### 1) 지역 활동

유럽연합의 지방정책은 재정의 전환에 근거를 두고 있다. 이 전환은 낙후된 지역의 발전과 특정산업지역의 재전환, 오랜 기간 동안 실업자인 사람들을 돕고, 젊은이들의 전문직업양성, 농업구조의 현대화 그리고 불리한 도시지역에 도움을 준다.

2007-2013년 재정 예측을 통해 지역활동에 지급되는 대출은 다음 세 가지 목표에 중점을 두고 있다.

- 집중 : 성장 조건의 개선과 직업의 개선을 통해 가장 덜 발전된 지역과 회원국들의 집중을 가속화시키는데 있다. 이는 가장 덜 발전된 회원국과 지역에 관련된 것이다. 활동분야는 혁신, 변화에 대한 적응, 환경과 행정적 효력이다.
- 지역 경쟁력과 직업 : 가장 덜 선호되어지는 것들을 제외한 경쟁력, 직업, 지역의 견인력을 강화하는데 목적이 있다. 이것은 경제적 그리고 사회적 변화를 앞당길 수 있어야 하며 개혁, 기업정신, 환경보호, 노동시장에서의 직업에 접근하는데 있어서 용이성, 적응성 그리고 발전성을 촉진시켜야 한다.
- 유럽 영토간의 협동 : 국경과 나라를 초월하고 지역을 초월한 수준에서의 협동을 강화하는데 목적이 있다. 이는 도시, 시골 그리고 연안지역의 발전 영역에서 인근 국가에 대한 공통적 해결방안을 촉진시키고 경제 관계를 발전시키고 중소기업 망을 조직하는데 중점을 둔다.

이러한 목적들은 특별기금에 의해 재정지원을 받게 되는데 이는 국가들, 지역간, 그리고 개별 투자의 노력을 격려하는 기능을 한다.

• 지역발전에 관한 유럽기금(FEDER)

지역 간 불균형을 줄이고 쇠퇴의 길을 걷고 있는 산업지역의 전환을 포함한 지역경제의 구조적 발전과 조정을 지원하면서 경제, 사회 그리고 지역적 단합을 강화하는데 지원한다.

• 유럽사회기금(FSE)

전문 직업인 양성, 직업 고용, 직업 동화 등을 위해 지원한다.

• 단합기금(un Fonds de cohésion)

국민들에 의한 총생산물이 유럽연합의 그것보다 90%에 미치지 못하는 회원국들의 교통과 환경의 기초공사를 지원한다.

# 제3장 세계 속의 유럽연합의 역할

유럽연합은 유럽 27개국을 회원국으로 하는 하나의 단체로서 다양한 국제적 협상에서 점차 그 세력을 행사하고 있는데 특히 무역 협상에서 강력한 힘을 발휘하고 있다. 국방의 경우, 회원국 각자가 주권을 행사하며 대서양 동맹과 같은 군사동맹에 속해 있거나 아니면 중립적 위치를 고수한다. 그럼에도 불구하고, 평화에 관련된 특별한 사항의 경우 회원국 모두가 참여하며 국가협정을 발휘한다. 그러나 세계경제, 통화정책에서 지대한 영향을 끼칠 정도의 막강한 힘을 가지고 있는 유럽연합이지만, 평화와 안정, 미국, 테러리즘, 극동 아시아와이 관계 등 정치적으로 해결해야 할 문제가 남아 있다.

## 1. 운영 면에서의 국방정책

1992년 마스트리슈조약, 1997년의 암스테르담 조약, 그리고 2001년의 니스조약에서 준비된 외국정책과 공통안전 그리고 유럽안전과 국방정책은 국방에 대한 유럽연합의 주요 임무를 다음 두 가지로 정의하고 있다.

### 1) 2006년 유럽연합의 정책과 전술

북대서양 조약기구와 유럽연합으로의 이전 공산국가들의 가입과 러시아 정부가 채택한 평화정책으로 인해 반세기 동안의 냉전이 끝이 났다. 유럽 대륙은 국제범죄, 인신매매, 불법 이민과 더러운 돈 세탁에 대항하기 위해 국경을 초월한 협동을 펼치고 있는데 이러한 협조는 유럽연합회원국들 사이에서 시작되어 인근 국가들로 확산되어져 가고 있다. 미국은 미국이 개입할 수 없는 사항에 유럽연합이 군사적 행동에 가담하여 대서양 조약기구의 군의 보급수단(탐지, 교섭, 지휘권 그리고 수송)을 이용하는 것에 동의했다.

2001년 9월 11일 뉴욕과 워싱턴, 그리고 2004년에 마드리드와 2005년에 런던에서 있었던 테러 이후 지구를 피로 물들인 테러리즘은 근본적인 전술적 변화를 가져오는 계기가 되었다. 유럽인들은 테러주범자들과 주동자들에 대한 정보 수집을 위해 좀 더 긴밀하게 협조해야 하며, 미국과 그 밖의 민주주의와 인권을 수호하는 국가들과의 협동은 오늘날 전통적인 방어동맹의 틀을 넘어서고 있다.

### 2) 외교정책과 공통안전분야에서의 구체적 실현

암스테르담 조약 체결이후, 유럽 회원국들은 조약에 합당한 안정과 방어에 관한 유럽정책을 원하는 경우 구체적인 목적이 정해진다.

일 년 동안 동원할 수 있는 수군과 공군이 참여하는 신속한 반격훈련을 실시하는데, 이러한 신속한 반격 훈련의 협동작전이 유럽의 하나의 군대라고 보기는 어렵다. 왜냐하면 여러 가지 요소들이 아직 고려되어야 하기 때문이다. 그럼에도 불구하고 브뤼셀에 위치한 위원회 밑에 설치된 정책과 안전위원회, 유럽연합 군사위원회, 유럽연합의 상설 참모부는 정해진 임무를 수행하기 위한(유럽을 넘어선 인류애 적 활동, 평화와 중재활동정치)군사적 기구로 자리 잡았다.

군사기술의 매우 높은 가격과 고도의 정교함은 유럽연합회원국들 사이에 무기산업에 관련된 산업적 공조를 점점 더 필요로 하게 된다. 마찬가지로 유럽연합을 벗어난 곳으로의 유럽 군사력의 개입이 있을 경우 장비의 표준화가 절실히 요구된다.

2003년부터 유럽연합은 평화유지와 위기관리에 대한 일련의 임무를 완수했다. 이들 중 가장 중요한 것은 7천명의 유럽연합 군대가 2004년 북대서양 조약기구의 평화유지군을 대체한 것이다.

## 2. 세계를 향한 개방무역정책

유럽연합은 국제무역의 사법적 안전과 투명성을 보증하는 세계무역기관(OMC)이 정해 놓은 규칙에 근거한 체제에 유리한 입장이다. 국제무역 기관은 회원국들이 자신들의 상대 국가들과 경쟁하기 위해 수출업자들이 사용하는 덤핑(le dumping : 물건을 제값보다 낮은 가격에 판매하는 것)과 같은 비열한 수단에 맞서 방어할 수 있는 틀을 마련하였다. 마지막으로 국제무역기관은 두 무역 상대국 사이에 분쟁이 발생할 경우 이 갈등을 해소할 수 있는 절차를 준비한다.

포도주는 유럽연합의 가장 큰 무역 상대국인 미국으로 수출하는 주요 상품들 중 하나이다. 유럽연합의 무역정책은 발전정책과 밀접한 관계를 맺고 있는데 개발도상국과 경제적으로 과도기를 겪고 있는 국가들로부터 수입하는 대부분의 상품에 대해 관세를 면제하거나 낮은 세금을 적용해 주고 있다. 유럽연합은 2001년부터 세계에서 가장 어려운 49개의 국가들과 함께 무기 수입을 제외한 모든 상품에 대해 관세를 면제하고 유럽연합 시장에서 판매하는 것을 허용해 주고 있다.

반면에, 미국과 일본과 같은 선진국들 중 주요 무역 대상국들과 함께 특별한 혜택을 주는 무역 체결을 하지 않고 OMC의 틀 안에 정해진 방법으로 무역관계를 맺고 있다. 미국과 유럽연합은 동등한 조건의 파트너로서의 관계를 발전시킬 방법을 모색하고 있다. 그럼에도 불구하고 회원국들은 대서양의 양 측에서 설립해야 할 외교적·정치적 그리고 군사적 관계에 대해 동일한 개념을 가지고 있는 것은 아니다. 유럽연합은 라틴 또는 중앙아메리카, 중국과 인도와 같은 세계의 다른 지역과 새로운 무역교섭을 점차 확산시키고 있으며 이런 무역협상은 또한 기술과 문화적 협력을 동반하게 된다.

## 3. 유럽연합과 지중해 연안 국가들과의 관계

지형학적으로 인접한 지중해 남부 연안 국가들과 유럽연합은 역사와 문화적 유사관계와 현재 일어나고 있고 앞으로도 일어날 잠재성이 있는 이주 유동 등을 통해 유럽연합과의 가장 중요한 동반자임을 나타내고 있으며 이를 위해 유럽연합은 지중해 연안의 전체적 접근이라 불리는 지역정책을 펼치고 있다.

1995년 11월 유럽연합회원국들과 지중해 연한의 국가들이 모두 참가한 바르슬로나 협약에서 유럽-지중해간의 새로운 동반자의 기본틀을 마련하였다(알바니, 리비아, 그리고 옛 유고슬라비아는 제외). 이 회담에서 다음과 같은 사항을 포함한 새로운 동반관계를 정의하였다.

- 분쟁에 있어서의 평화로운 해결방책과 무기통제에 특히 근거를 둔 참여국가들 사이의 정치적 대화와 안전동반국 관계
- 상호 경제무역 관계의 강화로서 2010년까지 유럽-지중해 국가간의 자유무역에 대한 지역 실현화
- 사회・문화 그리고 인문분야에서의 동반관계

2000-2006년 동안 5.3억 유로의 경제적 지원이 지중해 연안 국가에 이루어졌다. 2007-2013년 경제예산 차원에서, 인근과 동반자의 유럽기구(IEVP)가 현재 진행되고 있는 MEDA 프로그램과 동부 지중해 연안 국가들에 대한 Tacis계획의 뒤를 이을 예정이다.

## 4. 아프리카

1957년 로마조약 체결 당시의 내용들은 이미 오래된 것으로서 이제 아프리카 국가들과 유럽 사이의 관계는 60년대 초의 식민지탈피 정책에서 동반자로서의 다른 유형의 연합관계로 바뀌어가고 있다.

2000년 베닌 수도에서 체결한 꼬또누조약은 유럽연합의 발전에 대한 정책의 새로운 단계를 의미한다. 이 조약은 유럽연합과 아프리카 국가들과 카리브 국가들, 그리고 태평양 국가들(ACP)을 연결하는 것으로 개발도상국과 선진국 사이에 가장 야심차고 거대한 조약체결로서 1975년 토고의 수도인 로메에서 체결한 로메조약의 뒤를 잇는 것이다.

원조와 무역 교역에 관한 이 거대한 조약의 기본 목적은 ACP 국가들의 경제·문화 그리고 사회적 발전을 촉진하고 가속화하며 상호 관심과 연대감의 차원에서 유럽연합과 이 ACP회원국들 간의 관계를 심도 깊고 다양화하는데 있다.

앞선 조약과 비교하여 변화라고 할 수 있는 점은 단순한 무역관계에서 벗어나 좀 더 확장된 무역관계를 통해 상호 무역관계를 견고히 하는 것이라 할 수 있다. 여기에 인권 위반의 문제를 해결하기 위한 새로운 절차가 포함되었다. 유럽연합은 꼬또누조약을 체결한 39개의 모든 후진국에 대한 특별한 무역 허가조치를 내렸는데 2005년부터, 이 나라들은 유럽연합 시장에 모든 유형의 물품을 자유롭게 수출할 수 있다. 유럽발전기금은 일

년에 2에서 3억 유로의 예산을 통해 ACP 프로그램을 지원한다.

유럽의 단일화는 회원국들이 세계화의 압력에 맞서기에는 단일 국가로서 충분하지 못하다고 생각하는 분야에서 점차 진행될 것이다. 언젠가 유럽대륙의 모든 나라들이 자신들의 고유의 특성과 개별성을 상실하지 않고서 보다 큰 단위 속에 밀접하게 연결되고 유럽인의 우애를 이룰 날이 올 것이다[21](...)

1949년 빅토 위고가 말한 이 이상론이 현실화하는데 무려 1세기가 넘게 걸렸다. 두 번의 세계전쟁으로 인해 유럽인들 간의 수많은 전쟁으로 수 백만 명이 사망하였다. 오늘날, 유럽의 확장은 지형적・정치적 그리고 문화적 차원을 뛰어넘는 초 국경적 단결은 유럽 시민들의 평화, 안전, 민주주의, 정의 그리고 연대감을 위한 초석이 될 것이다.

---

21) "Un jour viendra où toutes les nations du continent, sans perdre leur qualité distincte et leur glorieuse individualité, se fondront étroitement dans une unité supérieure et constitueront la fraternité européenne(...)

# 제4장 유럽 통화체계와 유로

유로는 유럽연합의 단일화폐이다. 유럽연합회원국 15개국 중 12개국이 1999년 재정타협에 의해 유로를 도입하였고 2002년부터 지폐와 동전을 사용하고 있는데 덴마크와 스웨덴 그리고 연합왕국은 이 통화동맹에 동참하지 않았다. 새로 가입한 국가들은 일정기준을 충족시키는 경우 유로존에 합류할 수 있다

또한 통화 안정을 목표로 유럽 중앙은행의 정책을 기반으로 유럽연합회원국들은 경제의 보다 꾸준한 증가를 위해 노력하고 있다.

## 1. 유럽 통화체계(SME)

1971년 세계 제2차 대전 이후 세계통화의 안정성을 보장하던 달라와 금본위 사이의 일정한 관계를 없앴다는 미국의 결정 이후에 고정환율 체제가 끝을 맺게 된다. 유럽 경제공동체의 중앙은행 간부들은 유럽 통화 사이에 환율 변동폭을 2.25%로 낮추면서 유럽 통화체제를 만들었다. 1989년 6월 마드리드에서

열린 유럽위원회에서 유럽연합의 지도자들은 단일화폐정책에 대한 세 가지 계획안을 작성하였는데 이 계획안은 1991년 12월에 개최된 유럽위원회에서 채택되면서 유럽연합에 대한 마스트리슈조약 안에 포함되었고 이 조약은 세 단계의 목표를 정하고 있다.

첫 번째 단계는 1990년 6월 1일에 실시되는데 다음과 같은 사항을 포함하고 있다.

- 유럽연합 내에서의 자본유통에 대한 완전 자율화(환전에 대한 조정을 없앰)
- 유럽 지역간의 불균형을 바로 잡기 위한 방법의 증가(구조 자금)
- 국가들의 정치·경제에 대한 다국적 감독을 통한 경제집중

두 번째 단계는 1994년 1월 1일에 실시되었는데 다음 내용을 담고 있다.

- 프랑크푸르트에 유럽 통화기관을 설치할 것. 이 기관은 유럽연합의 중앙은행 수뇌부로 구성된다.
- 국제중앙은행들의 독립
- 예산 손실의 축소에 대한 규제

세 번째 단계는 유로화의 사용이다. 유로가 단일화폐가 되기까지 많은 심사숙고의 시간과 준비기간이 필요했는데 주요 경위를 살펴보면 다음과 같다.

1969년 : 유럽 경제공동체의 6회원 국가들이 헤이그에서 정상회담을 하여 경제와 통화의 연합이라는 목표를 정하게 된다.

1971년 : 베르너 계획안에 따라 유럽 경제공동체 국가 차원에서 경제 단합의 일환으로서 유럽통화의 불안정성의 요인을 제거하기 위해 단일화폐를 제의한다.

1972년 : 유럽 통화의 변동에 대한 통제를 위해 유럽 공동변동환율제가 적용되고 1979년에는 유럽 통화체계가 생겨난다.

1986년 : 로마조약에서 경제와 통화 연합의 점차적인 실현 목표를 정하게 된다.

1990년 : 경제와 통화 연합의 첫 번째 단계가 자본의 자유 유통을 통해 시작된다.

1992년 : 마스티리슈 조약을 통해 단일통화에 선제되어야 할 사항들을 위해 여기에 참여한 국가들의 경제기준을 정의하게 된다.

1998년 5월 2일 : 유럽이사회는 참여국들의 목록을 작성하는데 독일, 오스트리아, 벨기에, 스페인, 핀란드, 프랑스, 아일랜드, 룩셈부르크, 이탈리아, 네덜란드와 포르투갈이 참여한다(그리스는 2001년 1월 1일에 합류한다).

1999년 1월 1일 : 유로가 단일화폐가 되었고 전환율이 유로와 각 회원국 통화 사이에 결정되었다(1유로가 6,55957 프랑). 이제부터 자본시장의 거래는 유로로 진행된다.

2002년 1월 1일 : 12개 참가국이 유로를 사용한다.

2002년 2월 17일 : 프랑이 사라진다.

## 2. 유럽에서의 단일통화에 대한 이유

단일통화는 무엇에 사용되는가? 유럽 경제는 이제 거대한 단일시장을 구성하게 되고 유럽회원국들은 유럽 내에서 무역교환을 자체적으로 해결할 수 있게 된다. 단일 통화는 환전의 문제를 해결하고 국제화폐로서 유럽의 기상을 높이게 된다. 교역과 투자를 용이하게 함으로써 유로존의 국가들은 유럽에서의 직업창출을 강화하는 방법을 모색할 수 있게 된다. 단일통화는 경제정책의 조정이 이루어지고 몇 년 전부터 알려진 몇 가지 모순에 대한 해결책을 마련하는 경우 유럽회원국 사이에 고정환율에 대한 모든 이익을 줄 수 있어야 한다.

- 단일시장의 내부 모순

단일화폐가 구분되는 화폐들이 공존하는 지역에서 자본의 자유 유통을 허용할 정도로 실현가능한 것인가? 답은 아니다. 사실 최근 몇 년 동안 몇 가지 모순들이 자본의 자유유통 사이에 대처방법에 있어서 단일시장의 기능에서 발견되었으며 고정환체제는 회원국들로 하여금 통화정책을 상실하게 만들었다. 이는 사실 독일에 의해 유도된 정책과 충돌하게 되었는데 왜냐하면 독일은 유럽연합의 제 1 경제국으로서 단일화폐제도에서 중요한 역할을 하기 때문이다. 결국 독일의 통화정책은 다른 회원국들에게 자신의 선택을 강요하는 모양새가 되었다.

재통합 이후 분데스 은행은 매우 제약적인 통화정책을 유도

하였으며(외국자본을 끌어들이기 위한 이자율의 상승) 프랑스 역시 같은 정책을 썼다(프랑스의 경우 약한 인플레이션과 실업률로 인해 확장통화정책을 정당화할 수 있었다).

• 각종 좋지 않는 상황을 저지하기 위한 필요성

경제와 통화의 진정한 연합을 이루는 것은 곧 이러한 상황에 대처하기 위한 것이었다. 회원국들의 환율을 고정시키면서 UEM은 각 국가들 사이에서 발생하는 문제를 통제할 수 있었다. 유럽중앙은행의 체제는 바로 이러한 통화정책 중 하나이다.

프랑스는 단일화폐를 실시함에 있어 가장 논쟁이 뜨거웠던 나라이다. 독일은 자신들의 경제적 측면에서 유리한 입장을 고려할 때 단일통화 정책에 가장 비협조적이었다. 수상이었던 헬무트 콜은 다른 회원국들 사이에 유럽연합에 대한 걱정이 팽배해질 때 독일이 유럽연합에 속한다는 것을 상징적으로 보여주기 위해 자국의 통화인 마크를 포기했다. 단일통화는 이러한 점에서 경제적인 정책뿐 아니라 정치적인 의미를 포함하고 있다.

단일화폐의 장점과 단점은 무엇일까? 우선 장점을 살펴보면 다음과 같다.

– 단일 통화는 무역교환의 안정성의 관점에서 모든 장점을 가져온다.
– 단일통화는 가격의 측면에서 불확실성을 감소시킨다.

단일시장과 단일 통화는 유럽 통합의 저해가 되는 요소들에 맞서기 위해 취할 수 있는 전략의 상호 보충적 요소들을 구성한다. 사실 단일통화를 실시하는 것은 내수시장의 실현계획을 통해 발생할 수 있는 효력들을 강화해야 했으며 진정한 유럽시장을 창조할 수 있도록 해야 했다. 특히, 유로화의 도입은 가격의 투명성을 통해 유럽생산품 시장에서 경쟁의 강화와 특성을 변형시켜야 했다. 그러나 내수시장의 효력이 비싼 세금을 매기지 않음으로써 경쟁에서 혜택을 받고 있던 몇 가지 산업분야에서 민감한 반응을 보이는 반면, 유로화의 도입은 많은 분야에 걸쳐 그 영향을 끼쳤다.

– 단일통화는 투자의 미래의 수익성을 보장한다.
– 단일통화는 환율에 적용되는 비용을 제거해준다.

유로화는 참가국들 사이에 시장이 형성되고 무역대금의 해결 시점에 화폐 환율의 이동에 있어 모든 위험을 제거한다. 이것은 무시할 수 없는 것인데 왜냐하면 수출의 70%가 연합 내부에서 해결되기 때문이다. 게다가, 유로화는 경쟁적 하락을 제거해야 했는데 1992-1993년 파운드와 리르, 그리고 페세타의 가치 절하가 이어지면서 이 국가들의 생산품들이 다른 유럽 국가에서 판매되었을 때보다 더 낮은 가격에 팔리는 결과를 초래하였다.

반면, 안정성에 대한 혜택은 매우 강하지만 환율의 포기에 대한 댓가를 무시할 수는 없다. 유럽 국가들은 아직도 매우 혼돈스러워 하고 있지만 유로화와 함께 유럽 통화지역은 하나로 합쳐질 것이며, 자본은 좀 더 유동성을 갖게 될 것이다. 유럽의 후진국들은 환율에 대한 위험이 사라지면서 이제부터 자신들의 생산품을 좀 더 비싼 가격을 받을 수 있게 될 것이다. 또한 생산품들의 지역 집중은 가장 품질 좋은 물건들이 팔리는 지역과 가장 발전된 통신의 인프라 구조지역에도 혜택을 줄 것이다. 반면, 지역 간의 관찰된 불평등은 유럽의 차등을 발생시킬 수도 있다.

## 3. 유로 존

마스트리슈조약의 다음 5가지 조건을 충족시키는 나라들만이 이론적으로 단일통화에 참여할 수 있는데 사실 마스트리슈조약에 의해 제시된 이 조건들이 지켜지고 있지는 않다.

**5개의 조건**

- 인플레이션 수준이 가장 낮은 비율을 나타내는 3개 회원국의 인플레이션 비율보다 1.5%를 넘어서는 안 된다.
- 장기간 이자율이 이 분야에서 가장 좋은 결과를 내고 있는 3개 회원국의 2%를 넘어서는 안 된다.
- PIVOT 동안 변형 없이 적어도 2년 동안 SME에 가입해야 한다.
- 예산 손실이 국내총생산(PIB)의 3% 이내여야 한다.
- 국민 부채가 국내총생산의 60% 이내여야 한다.

위 다섯 개의 조건 중에 세 개만이 인정되고 있으며 나머지 두 개는 논쟁의 여지가 있다. 첫 번째 조건인 인플레이션의 경우 너무 상승된 인플레이션을 피하자는 것인데 외부 무역의 안정성과 유럽국간의 경쟁 수준의 유지에 대한 근심은 사실 강한 인플레이션 경향이 있는 국가로 수출하는데 있어 장애가 되지 않을 것이라는 추측이었다. 따라서 유로화 안에서 자신들의 인플레이션 수준을 잡기 위해 노력을 하는 국가들만을 받아들이는 것은 당연한 일일 것이다. 두 번째 조건인 이자율의 경우 사실 미래의 인플레이션을 반영하는 것이므로 중요한 부분이라 할 수 있다. 세 번째 조건인 환율의 유지는 동반국가들과 관련한 한 국가의 경쟁성의 안정으로 해석된다.

네 번째와 다섯 번째 조건인 예산 손실과 국민 부채의 경우 이 조건들은 회원국들의 예산 상황을 고려하는 또 다른 문제를 다루고 있는데 부채를 안고 있는 나라는 난국을 해결하기 위해 인플레이션을 조장할 위험이 있기 때문이다. 만일 어떤 나라가 심각한 적자를 내고 있는 반면 다른 단일시장국가들의 재정상태가 균형을 이루고 있다면, TI 수준은 모든 유로 존에서 상승될 것이다. 따라서 이것은 경제정책을 제대로 시행하고 있는 국가들의 경우에만 유로를 채택하게 된다는 문제를 야기 시킨다.

## 4. 화폐와 동전

2002년 1월 1일부터 유로의 15억장의 지폐와 60억 개의 동전이 모든 유로 존에서 유통되고 있다. 유럽의 화합과 다양성을 상징하기 위해 유로 동전은 한 면에는 유로 존의 12개 나라(12개의 상징적 별)가 새겨지고 다른 한 면에는 각 국가를 상징하는 문항[22]이 새겨졌다. 프랑스에서는 국가를 상징하는 면에 마리안느(프랑스 공화국과 자유를 상징하는), 나무(생명의 상징) 그리고 풍부함을 상징하는 씨뿌리는 사람을 새겨놓았다.

지폐의 경우, 3가지 요소가 지폐에 인쇄되는데 앞면에는 문과 창문 그리고 뒷면에는 다리를 새겨놓았다. 이 요소들은 유럽 문화를 상징하는 7개의 건축 스타일에서 영감을 얻었다(고전주의, 낭만주의, 고딕, 르네상스, 바로크, 로코코, 철과 유리 공학 그리고 현대건축).

모든 유로 동전들은 유럽을 나타내는 상징을 포함하고 있는데(1, 2et 5eurocents는 세계 속의 유럽, 10, 20과 50eurocents는 국가들의 연합으로서의 유럽을, 그리고 1과 2유로는 국경없는 유럽을 상징하고 있으며, 또한 이 동전[23]이 발행된 나라를 나타내는 상징을 포함한다. 물론 이론적으로 모든 동전은 모든 유럽 회원국내에서 사용할 수 있는데 예를 들어 요한 카를로스 초상화가 새겨진 동전은 스페인에서 뿐만 아니라 유로 존의 모든 나라에서 동등한 가치를 갖는다. 그러나 자동 현금 인출기나 고속도로 통행의 경우 문제를 발생할 수도 있다.

---

22) 글자체의 규칙 : 유로의 축약은 EUR이고 cent의 축약형태는 c 또는 ct 이다. 게다가 euro와 cent은 복수로 사용해야 한다(동전과 지폐는 복수를 사용하지 않는데 그 이유는 복수를 표시하는 방법이 모든 언어가 동일한 것은 아니기 때문이다)

23) 유럽 회원국은 새로운 동전을 발행하는 경우, 새 동전은 다음과 같은 것을 보여줘야 한다.
- 앞면에 새로운 유럽 회원국을 포함한 유럽연합 지도가 나타나게 할 것
- 앞면에 국가의 이름을 온전히 또는 축약된 형태로 나타나게 할 것

새로운 동전들이 2000-2010년 사이에 발행될 예정인데 이것은 단지 유럽연합에 새로 가입한 회원국들을 고려한 것이며 유로를 사용하지 않는 세 개의 회원국들은 다른 동전을 사용하고 있다.

# 제 2 부

# 유럽연합에서의 실생활

# 제1장 여행하기

일단, 유럽을 자유롭게 여행하기 위해선 여권, 신분증 그리고 비자가 필요하다. 그러나 유럽연합 시민의 경우 유럽시민의 권리를 중점으로 한 쉥겐조약 이후 유럽연합의 13개국 사이에 국경에서의 검색은 더 이상 존재하지 않는다. 쉥겐조약을 통해 유럽연합 내의 국경 검색을 없앴지만 외부국경에 대한 검색은

계속 실시하며 비자에 대한 공동정책을 설정하였다.[24] 2004년 이후 유럽연합에 가입한 12개국은 쉐겐조약에 완전히 따르지는 않는다. 이 나라들을 여행하는 경우 기간이 유효한 여권이나 신분증은 필요하다.

유럽연합 이외의 국경에 도착했을 때나 출발을 할 때 효력이 남아있는 여권과 신분증이 필요하며 예정국가로 가기 위해 유럽연합을 떠나는 경우 여권을 지참해야 한다. 유럽연합 내를 여행하는 경우 여권과 신분증을 소지하는 것이 좋은데 그 이유는 신분증명을 요구할 수도 있기 때문이다. 국경 검색 또한 공공질서 혹은 국가안전이 위협받는다고 판단되는 경우 임시로 시행될 수 있다. 아이를 동반하는 경우 아이의 여권이나 신분증, 아니면 본인 여권에 아이의 이름이

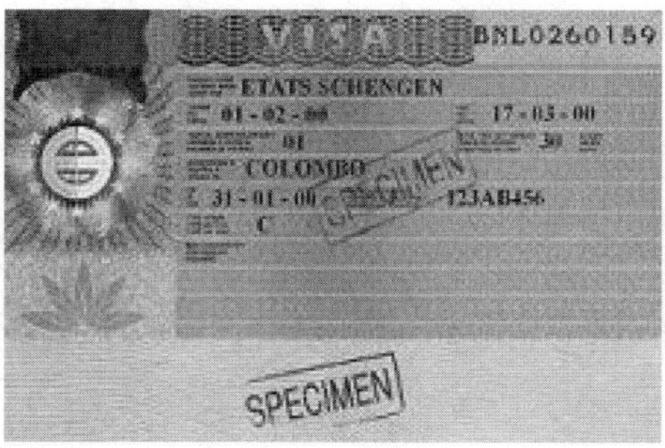


24) 다음의 나라들은 쉐겐조약을 체결한 회원국들이다.
독일, 오스트리아, 벨기에, 덴마크, 스페인, 핀란드, 프랑스, 그리스, 이탈리아, 룩셈부르크, 네덜란드, 포르투갈, 스웨덴, 그리고 유럽연합회원국이 아닌 아이슬란드와 노르웨이가 포함된다. 반면 회원국인 아일랜드와 연합왕국은 여기에 포함되지 않는다.

기재되어 있어야 한다. 아일랜드, 노르웨이와 스위스 국민은 조약체결에 따라 유럽연합의 시민으로 간주되며 단순히 신분증 또는 여권만을 소지하고 유럽연합 내를 여행할 수 있고, 유럽연합국을 여행하는 경우 비자가 필요없다.

반면 제 3국의 시민권자들의 경우 효력이 남아 있는 여권을 소지해야 한다. 29개 국가의 시민들은 삼 개월 이하로 체류하는 경우 비자가 필요 없다.[25] 비자가 쉐겐조약을 따르는 국가에서 발부되었다면 이 비자를 소지하고 쉐겐조약을 체결한 다른 나라를 여행할 수 있다. 게다가, 이 국가들에서 발행한 효력이 남아 있는 체류증은 비자를 대체할 수 있다.

이 밖에 쉐겐 비자, 장기비자, 그리고 쉐겐조약을 따르는 유럽연합회원국에서 발행된 체류증은 특정 국가들에서 면세비자의 효력을 갖는데 면세비자를 지니면 최대 5일 동안 체류할 수 있다.[26]

스위스에서 발부한 체류증은 키프로스, 헝가리, 라트비아, 몰타, 폴란드, 체코공화국, 슬로바키아, 슬로베니아를 포함한 쉐겐조약이 적용되는 유럽 회원국에서 면제비자의 가치를 갖는다.

유럽 규정에 의해 여행이 단체 여행 또는 할인 관광으로 인정받고 보호받기 위해서는 다음과 같다.

---

25) 캐나다, 미국, 일본과 뉴질랜드 국민들은 다른 유럽 회원국가들과는 다르게 운영하고 있는 연합왕국과 아일랜드를 여행하는 경우에는 비자를 소지해야 한다.

26) 키프로스, 헝가리, 라트비아, 몰타, 폴란드, 체코공화국, 슬로바키아, 슬로베니아.

– 24시간을 초과할 것.
– 모든 비용을 포함해서 판매될 것
– 적어도 다음과 같은 것들 중 두 가지 이상이 제공될 것 : 운반 수단, 숙소, 관광, 문화적 또는 스포츠 활동.

• 제공계약

공동규약에 따라 여행사들은 손님들에게 예정지, 여정, 숙소, 지역 담당자와의 연계, 그리고 가격 등에 대해 구체적인 정보를 제공해야 한다. 계약서에는 교통비, 세금 그리고 환전비율과 관련된 다양한 변화에 제한되는 가격의 수정과 같은 예상치 않은 경우에 대해 구체적으로 명시되어 있어야 한다. 프랑스에서 어떠한 수정도 출발 30일 전에는 불가능하다.

• 출발 전

여행객은 여행사가 프로그램을 변경하는 경우 환불을 요구할 수 있으며 여행을 취소하는 경우에는 위약금을 청구할 수 있다.

여행 예약을 한 사람은 합당한 기간 내에 여행사에게 알려준다는 조건 하에 다른 사람으로 대체할 수 있다. 이 경우 프랑스법에는 여행사에게 적어도 출발 전 7일 내에 등기 우편으로 이 사실을 알리게 되어 있다.

• 돌아올 경우

만일 여행 또는 거주하는 동안, 제공되는 내용들이 약속했던 것 보다 미흡한 경우, 증거(사진, 증인)을 제시하는 조건하에 보상을 요구할 수 있다. 여행사의 지불 불능이나 파산이 발생했을 경우, 여행객은 해당되는 금액의 환불이나 즉각적인 본국으로의 귀환을 요구해야 한다.

여행 시 머무는 거주지의 경우 여러 명이서 단체로 특정 숙소를 매입하는 경우가 있다. 이처럼 여러 명의 소유 또는 공유로 구매함으로써 구체적인 날짜에 일년에 일주일 또는 이주일의 기간 동안 집, 호텔 또는 휴양 시설로 정의된 숙소를 지낼 수 있다.

최소 3년 계약으로 1년에 최소 일주일 동안 부동산을 여러 사람이 공유할 수 있도록 유럽 강령에 정해놓고 있다. 구입자는 자신의 모국어로 된 다소유 주택에 대한 안내 책자와 제시된 계약의 번역본을 요구할 수 있다. 판매 제안은 구입자에 의해 접수일로부터 7일 동안 유효하다. 구입자는 계약서에 서명한 날로부터 10일 내에 계약을 취소할 수 있으며 모든 비용의 지불은 이 기간이 끝나기 전까지 금지된다. 이 규칙을 지키지 않을 시 구매자는 벌금을 내야 한다. 구매비 이외에 이 다소유 주택의 수리와 공사를 위해 매년 들어가는 비용을 계산해야 한다. 또한 재판매는 거의 불가능하며 가격 상승의 차익은 결코 없다.

## 1. 여행의 교통수단

### 1) 승용차를 이용하는 경우

유럽연합 내에서 이동을 하는 경우 운전자는 유럽연합회원국 또는 유럽 경제공동체 회원국 내에서 발행한 운전면허증을 가지고 운전할 수 있지만 어떤 나라에서는 운전면허증 이외에 자동차의 등록증을 소지해야만 한다. 단 운전면허증의 기간이 만료되어서는 안 된다. 거주지나 직장을 유럽 회원국의 다른 나라로 옮기거나 유럽 경제공동체와 조약을 체결한 나라로 이동할 경우 이주한 나라의 운전면허증으로 교환할 필요가 없다(그러나 본인이 원하는 경우에는 신청할 수 있다). 원해서이건 아니면 분실 때문이건 간에 교환을 원하는 경우 해당 국가에서는 필기시험이나 실기시험을 하지 않고 운전면허증을 바꿔주어야 한다.[27]

① 면허증

– 유럽연합회원국의 또 다른 나라에서의 운전면허증 교환

프랑스에 거주하며 유럽연합회원국 중 한 나라 또는 유럽

27) 상호인정 원칙의 예외 : 유럽연합 또는 유럽 경제 회원국이 아닌 제 삼국에서 발생된 운전면허증 대신 프랑스에서 발급된 면허증은 또 다른 회원국에서 자동적으로 사용할 수 있는 것은 아니다. 이 운전면허증을 사용할 수 있는지 여부를 알기 위해 거주지 국가의 인증 받은 기관에 가서 확인하는 것이 좋다.

경제공동체와 조약을 체결한 국가에서 발부한 운전면허증을 소지하고 프랑스에서 운전하는데 필요한 모든 조건을 갖추고 있는 경우 운전면허증을 교환할 수 있다. 특별한 경우를 제외하고 이는 의무조항이 아니지만 다음과 같은 경우 운전면허증의 교환은 의무적이다 :

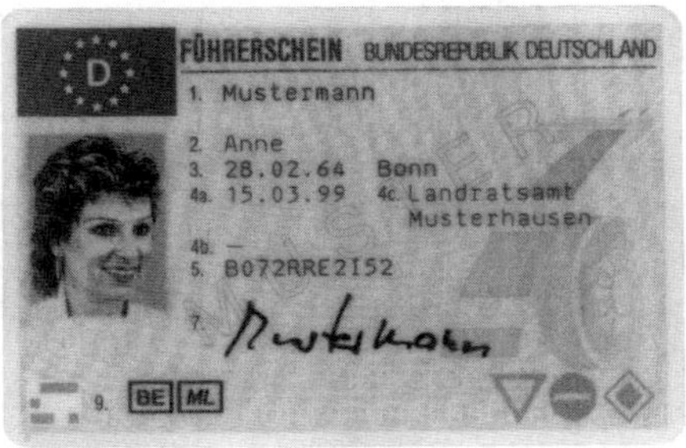


- 프랑스에서 운전면허증 취소나 정지 또는 벌점을 초래하는 사고를 저지른 경우
- 프랑스와 상호조약을 체결하지 않은 유럽연합회원국 또는 유럽경제공동체 회원국 이외의 제 삼국의 운전면허증을 교환함으로써 면허증을 취득한 경우

두 번째의 경우, 면허증은 프랑스에 거주한지 1년 내에 프랑스 면허증으로의 교환 신청을 해야 한다.

운전면허증을 교환하기 위해서는 거주지 구청에 신청해야 하는데(파리의 경우 경찰서) 갖추어야 할 서류들은 다음과 같다.

- 운전면허증 교환을 요구하는 서식용지
- 사진 2장
- 원래 운전면허증 복사본
- 신청한 사람의 신원을 확인시켜줄 수 있는 서류
- 체류증 복사본
- 그리고 만일 신청자가 학생인 경우에는 적어도 6개월 이상 학생신분으로 있었다는 것을 증명할 수 있는 서류 복사본이 필요하다.

서류를 제출할 시 이 서류들의 원본을 동반해야 한다. 단 유럽 경제 회원국 국민들과 스위스인은 프랑스에서 체류증을 취득해야 하는 이런 절차를 밟을 필요 없다(경제활동을 하고 있는 유럽연합의 새로운 회원국 국민들은 예외). 운전면허증을 교환하는 경우 지방세를 내야 하는데 지역에 따라 지방세를 내지 않는 등 조금씩 다르다.

면허증 신청의 경우 신청자는 거주지와 관계있는(예를 들어 자신이 일을 하고 있는 직장이 속해있는 구) 구의 아무 구청에 가서 면허증을 발부해달라고 요구할 수 있다. 프랑스 면허증이 교부되면 신청자는 원래의 면허증을 발부해 준 곳으로 돌려보내야 한다.

프랑스를 예로 들어보자.

규칙적으로 프랑스에 거주하는 사람이 유럽연합회원국 또는 유럽 경제공동체와 조약을 체결한 나라 중 한 나라에서 발부한 운전면허증을 소지하고 있는 경우 운전면허증을 상호 두 나라에서 인정해 주는 원칙이 적용되는 경우 기간에 상관없이 프랑스에서 사용할 수 있다. 또 거주지 시청에서 운전면허증을 교환하기 위해 기다리는 동안 임시적으로 사용할 수 있다.

프랑스 영토에서 운전면허증을 사용하기 위해서는 무엇보다도 면허증의 유효기간이 남아 있어야 한다. 또한 해당되는 범주의 차량을 프랑스에서 운전할 수 있을 정도의 최소한의 나이가 된 사람에 의해 사용되어져야한다. 그리고 면허증을 소지한 사람의 건강상태에 따른 지시에 따라(예를 들어 안경을 써야 하는 것 등) 운전을 해야 한다. 단 프랑스와 상호조약을 체결하지 않은 나라의 면허증을 가지고 유럽 경제 회원국 내에서 제 삼국의 면허증으로 교환한 경우는 안 된다.[28] 게다가 모국의 운전면허증이 취소되거나 정지 상태여서는 안 된다.

운전할 수 있는 최소의 나이는 보통 18세인데[29] 경 오토바이는 16세이고 무거운 물건을 싣거나 8명 이상의 사람을 태우는 삼륜 또는 사륜 자동차의 경우는 21세이다. 자동차를 빌릴 수 있는 최소한의 나이는 정해져 있지 않으며 일반적으로 20세에서 23세 사이이며 운전할 수 있는 최고령의 나이는 65세에서 75세 사이이다.

프랑스 법규에 따라 젊은 초보 운전자의 경우 프랑스 내에서만 운전이 가능하고 외국에서는 운전을 할 수 없는 경우도 있다.

② 자동차 보험(Assurance automobile)

자동차 보험은 비생명보험에 속하는데[30] 유럽연합 내에서 모든 자동차 소유자는 의무적으로 민사책임보험에 가입해야 하며 이는 가입자의 차량에 동승한 사람을 포함하여 타인에 의해

---

28) 만일 유럽연합회원국 또는 유럽 경제 회원국과 체결을 한 또 다른 나라에서 발부받은 면허증이 유럽연합회원국이 아닌 제 삼국이나 프랑스와 상호조약을 맺지 않은 나라의 면허증과 교환한 것일 경우 프랑스에 체류한 날로부터 1년 안에 면허증을 교환해야 한다. 그리고 프랑스 영토에서 운전면허 취소나 정지 등의 위반을 했을 경우 유럽 면허증은 프랑스 면허증으로 바꿔야 한다.

29) 단 아일랜드와 연합왕국은 17세이다.

30) 비생명보험이란 가입자의 생명에 관한 보험을 제외한 나머지 모든 보험을 일컫는다(화재보험, 가족보험, 고용보험, 도난보험, 질병보험, 자동차보험..)

발생한 물질적 그리고 신체적 피해를 보상해 준다.

가입자는 유럽연합국가의 아무 나라에서나 선택에 따라 보험회사에 가입할 수 있는데 자신의 본국 또는 거주하는 나라가 아니더라도 가능하다. 이러한 자유는 추가적 위험(도난, 화재...)을 보장해 주는 임의적 보험계약처럼 민사상의 책임에 있어서의 의무보험 계약에 적용된다.

계약에 적용되는 보험료와 세금은 자동차 등록이 되어 있는 나라에 지불한다. 보험가입자가 유럽의 다른 국가에서 자동차 사고가 난 경우 이를 보상받기 위해서는 원칙적으로 민사 책임에 대한 할증보험료를 지불할 필요가 없다. 그리고 모든 보험계약은 유럽연합 영토 전체에 의무적으로 적용된다.

반면에, 외국에서의 자동차 화재나 도난과 같은 추가적인 위험의 경우에, 보험회사는 보험 가입자에게 추가보험료를 요구할 권한이 있다. 어떤 나라는 사고가 발생했을 경우 책임소지가 결정될 때까지의 기간 동안 보증금을 요구하기도 한다. 이러한 이유 때문에 계약서에 "보증금 보장"이라는 항목이 있는지 확인해야 한다. 유럽연합국 내의 특정한 나라 또는 아이슬란드, 노르웨이 그리고 스위스를 여행하는 경우 기본 자동차 보험에 가입하면 보험회사는 추가 비용 없이 법에서 정한 최소한의 보상을 제공해준다. 모국에서 모든 위험을 보상해주는 최대보험에 가입했다면 외국으로 이동할 때도 적용이 되는지 확인해야 한다.

a) 녹색카드

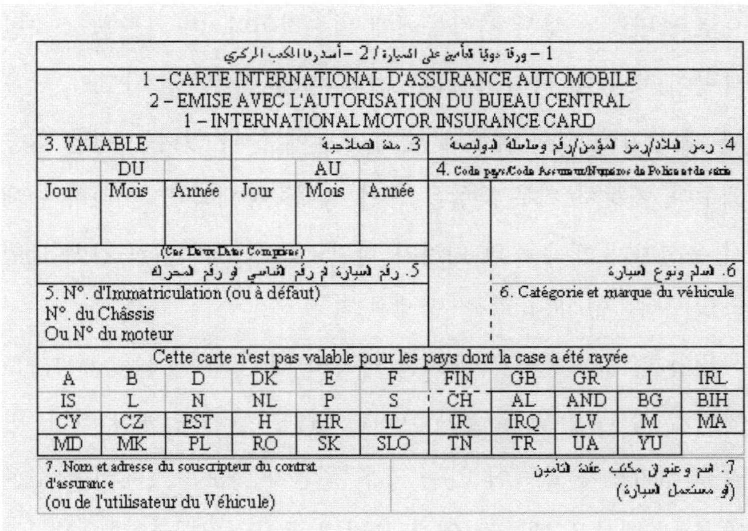

1 – ورقة دولية لتأمين على السيارة / 2 – أصدرها المكتب المركزي

1 – CARTE INTERNATIONAL D'ASSURANCE AUTOMOBILE
2 – EMISE AVEC L'AUTORISATION DU BUEAU CENTRAL
1 – INTERNATIONAL MOTOR INSURANCE CARD

| 3. VALABLE | | | 3. مدة الصلاحية | | | 4. رمز البلاد/رمز المؤمن/رقم وسلسلة البوليصة |
|---|---|---|---|---|---|---|
| | DU | | | AU | | 4. Code pays/Code Assureur/Numéros de Police et de série |
| Jour | Mois | Année | Jour | Mois | Année | |
| (Ces Deux Dates Comprises) | | | | | | |

5. رقم السيارة أو رقم الشاسي أو رقم المحرك
5. N°. d'Immatriculation (ou à défaut)
N°. du Châssis
Ou N° du moteur

6. الاسم ونوع السيارة
6. Catégorie et marque du véhicule

Cette carte n'est pas valable pour les pays dont la case a été rayée

| A | B | D | DK | E | F | FIN | GB | GR | I | IRL |
|---|---|---|---|---|---|---|---|---|---|---|
| IS | L | N | NL | P | S | CH | AL | AND | BG | BIH |
| CY | CZ | EST | H | HR | IL | IR | IRQ | LV | M | MA |
| MD | MK | PL | RO | SK | SLO | TN | TR | UA | YU | |

7. Nom et adresse du souscripteur du contrat d'assurance
(ou de l'utilisateur du Véhicule)

7. اسم وعنوان مكتب عقد التأمين
(أو مستعمل السيارة)

방문한 나라에서 자동차에 대한 의무 보험 또는 보험 증명서 기준에 만족시켜주는 보상임을 입증하는 표준 국제 보험 서류인 녹색카드는 유럽연합 국가를 여행하는 경우 필요 없지만 국제적으로 잘 알려진 보험으로서 또 다른 나라에서 사고를 당했을 경우 좀 더 용이하게 보상을 받을 수 있게 해준다. 녹색카드가 없는 경우 당신의 보험 증명서를 소지해야 한다.

자동차 사고에 대한 보험 협회의 프랑스 중앙 사무국에서 발행한 녹색카드라 불리는 국제 보험 카드는 유효기간 동안 법적 서류로서 기능한다. 이 카드에 가입하여 의무보험을 만족시킨 사람의 법률상의 추정은 카드 유효 기간의 만기일로부터 계산하여 한 달 동안 유효하다.

설사 이 녹색카드를 27개국 회원국과 아이슬란드, 노르웨이 그리고 스위스 국경에서 요구하지 않더라도 녹색카드는 외국으로 출발하는 모든 사람들에게 필수적이다. 이 카드는 소지한 사람이 방문한 나라의 의무 법에 따라 운전 중 사고가 났을 때 제 삼자에 의한 피해에 대해 보험에 들어 있다는 것을 입증해준다. 자동차 의무 보험은 유럽 경제공동체의 모든 나라 안에서 운전자가 계약을 한 나라가 회원국들 중 어디이건 간에 보험금의 상승 없이 효력을 발생한다.

유럽 경제 회원국을 제외한 나라의 경우, 운전자는 녹색카드 뒷면에 이 나라 밑에 줄이 그어져 있는지를 확인해야 한다. 만일 녹색카드가 효력이 없는 경우 운전자는 프랑스에서 최소한의 손해 배상을 해주는 임시 보험에 등록하거나 국경에서 "국경 보험에 가입해야 한다. 만일 녹색카드가 외국에 체류하는 동안 기한이 지났다면 운전자는 즉석에서 임시보험에 가입해야 한다.

녹색카드제도는 현재 44개국에서 시행되고 있으며 보험자 연합에서 운영하고 있다.

유럽 법에 따라 외국에서 운전 중 사고를 당했을 경우에 보상이 훨씬 빨라졌다. 이 법은 유럽연합국 내에서 발생한 사고들뿐 아니라 녹색카드제도에 가입한 제 삼국에서 유럽연합 국민이 사고를 당했을 경우에도 적용된다. 2005년에 채택된 새로운 조치들로 인해 운전자들은 좀 더 쉽게 보험회사가 개입할 수 있게 해주고 물질, 인명피해 보상에 있어 최소한의 금액을 올리면서 희생자의 보호를 개선할 수 있다.

b) 사고 난 경우 절차와 보상

사고가 발생했을 경우 우선적으로 다음과 같은 조치를 취해야 한다.

- 상대방에게 녹색카드를 제시하고 자신들의 보험의 상호관계를 확인한다.
- 방문한 나라의 국제 보험 사무국에 사고를 신고한다(상호관계는 카드 뒤에 적혀 있다).
- 사고가 난 날로부터 5일 안에 보험회사에 사고를 신고한다.[31)]

2003년부터 사고가 거주지 나라 이외의 다른 유럽연합회원국에서 발생했을 경우 재난에 대한 모든 처리가 이루어진다. 사고가 발생한 나라의 또 다른 자동차에 대해 내막을 알기 위해 거주지 국가 안에 특별히 마련된 정보 조직과 연락을 취하는데 프랑스의 경우 이런 일을 하는 것은 아지라조합이다. 그리고 나서 사고를 낸 다른 자동차의 운전자가 가입한 보험회사의 대표에게 본국에서 연락을 취한다. 모든 보험회사들은 모든 유럽연합회원국에서 이러한 재해를 해결하기 위해 의무적으로 대표자를 두어야 하며 정보조직은 모든 내막을 알려준다.

---

31) 사고가 났을 경우 보험회사가 사고 증명 용지를 줄 수도 있는데 이는 다른 나라에서 사고가 발생했을 경우 즉석에서 사고 경위의 작성을 용이하게 해주는 일종의 서류이다.

운전자의 보험 회사는 3개월 이내에 사고 해결을 위해 적합한 제의를 하거나 왜 이 사고가 보험회사의 책임이 아닌가를 설명해야 한다. 만일 어떠한 답변도 3개월 이내에 이루어지지 않으면, 사고를 당한 운전자는 거주하는 나라에 있는 보상기관에 이 사실을 알려야 한다.

보상은 사고가 발생한 나라의 법에 따라 진행된다. 그러나 보험을 든 자동차가 등록된 나라의 보험제도가 피해자에게 더 유리할 경우, 적용되는 것은 이 제도이다. 유럽 시민들은 인명피해가 발생한 경우 35만 유로, 그리고 물질적 피해만 발생했을 경우에는 10만 유로까지 보상을 받을 수 있다.[32)]

보험을 들지 않은 차량 또는 신원미확인 차량에 의해 사고를 당했을 경우 보상은 사고가 발생한 유럽연합회원국의 자동차 보증 기금에서 적합한 규칙에 따라 배상을 한다. 프랑스의 경우 피해 의무보험 보증기금이 이를 담당한다. 절차는 수령통지와 함께 등기우편을 통해 배상요구 용지를 통해 진행될 수도 있는데 모든 요구는 피해에 대한 상세한 내용과 이를 증명하는 법적 서류를 동반해야 한다.

③ 도로에서의 안전

유럽연합회원국을 중심으로, 각 나라는 고유의 교통법규를 가지고 있는데,[33)] 유럽 시민들은 자신이 운전하는 나라의 교통법규를

32) 어떤 유럽연합회원국의 경우 보상금 전체 금액은 하나의 사고로 여러 명의 피해자가 발생했을 때 제한을 받을 수 있다.

33) 2004년 4월 유럽위원회는 교통안전을 위한 유럽 헌장을 공표했다. 이것은

준수해야 한다. 비록 유럽위원회가 회원국들에게 교통법규에 대한 조화를 요구하고 있지만, 어떤 법규들은 나라에 따라 다르다.

a) 안전장비와 보조장비

자동차를 운전하는 나라에서 강요하는 자동차 장비나 부품을 운전자가 반드시 가지고 있어야 하는 조항이다. 그러나 회원국은 삼각대의 위험 표지판의 경우 비록 번호판을 사용하는 국가에서 의무사항이 아니라고 하더라도 운전자가 반드시 가지고 있어야 할 것을 강요할 수 있다.

b) 자동차 뒷좌석과 앞좌석의 안전벨트

안전모의 경우 오토바이를 타는 사람에게는 의무이다(뒷좌석에 탄 사람도 포함). 안전띠 착용은 2006년 5월 9일부터 자동차에 타고 있는 모든 사람들에게 의무인데 관광차량과 미니버스도 포함되며 승용차, 트럭, 그리고 다른 차량들은 아이를 안전하게 잡아줄 수 있는 장비를 갖추어야 한다.

c) 형광안전표시판

승인을 받은 형광 안전 표시판은 오스트리아, 스페인, 이탈리아, 폴란드, 그리고 포르투갈에서 의무다. 승인받은 형광 안전 표시판은 독일, 오스트리아, 벨기에, 스페인, 이탈리아, 폴란드, 포르투갈과 연합왕국에서 위험 표지를 알리는 삼각형으로 되

---

2010년까지 교통사고로 인한 사망자 수를 반으로 줄여보다는 목표로 10개의 원칙에 근거하고 있다.

어 있는데 독일, 오스트리아, 폴란드에서는 안전 도구세트가 의무이며 벨기에 내에서는 소화기가 의무이다.

d) 교통표지판

대부분의 유럽연합회원국은 교통 표지판에 대한 1968년 비엔나 조약을(1993년에 개정) 따르지만 키프로스, 아일랜드, 몰타 그리고 네덜란드는 예외다. 그리고 스페인과 포르투갈, 연합왕국은 아직 조인하지 않은 상태이다. 이 조약에 의한 권장 사항의 표지판은 의무적인 것은 아니지만, 그림 기호(글자) 또는 색깔 등에 차이를 제외하고는 거의 모든 유럽연합회원국들의 교통 표지판이 동일하므로 알아두면 매우 유익하다.

e) 운전 중 휴대폰 사용

운전하면서 휴대폰을 사용하는 것은 치명적인 사고의 위험을 초래할 수 있는데 이런 행위는 유럽연합의 모든 회원국에서 공식적으로 또는 묵계적으로 금지되어 있다. 반면 어떤 나라에서는 운전에서 자유로운 손으로 휴대폰을 사용할 수 있게 허락하기도 한다.

f) 신호 표시등과 낮의 헤트라이트

덴마크와 핀란드 그리고 헝가리, 이탈리아의 경우 고속도로와 빠른 도로 등에서는 의무이며 폴란드의 경우 10월부터 2월까지, 그리고 포르투갈에서는 IP5에서만 의무이며 슬로베니아와 스웨덴에서도 의무이다. 반면 프랑스와 네덜란드에서는 권장사항이다.

g) 운행방향

키프로스, 아일랜드, 몰타 그리고 연합왕국에서는 우측으로 통행해야 하며 벨기에, 프랑스, 네덜란드 그리고 포르투갈 같은 나라에서는 오른쪽에서 오는 차량에게 우선권이 있음을 잊어서는 안 된다.

h) 고속도로통행료

오스트리아, 스페인, 프랑스, 그리스, 헝가리, 아일랜드, 이탈리아, 폴란드, 포르투갈, 체코공화국, 연합왕국 그리고 슬로바키아와 같이 많은 유럽국가에는 고속도로통행료가 있다. 고속도로나 오스트리아 국도를 이용하는 사람들은 자동차에 딱지를 붙여야 하는데 이 딱지는 오스트리아 국경 우체국이나 큰 주유소에서 판매한다. 헝가리, 체코공화국과 슬로바키아 등도 자동차 앞창에 딱지를 붙이는 유사한 제도가 있다.

i) 벌점제도

독일, 불가리아, 덴마크, 프랑스, 그리스, 아일랜드, 이탈리아, 리투아니아, 룩셈부르크, 폴란드, 연합왕국에 벌점제도가 있는데 체코 공화국과 스페인, 포르투갈 그리고 네덜란드가 실시할 예정이다.

j) 알코올 한계 치수

2001년 유럽위원회는 모든 유럽연합회원국들에게 운전자에게 허용되는 피의 알코올 최대허용치수를 단일화할 것을 제안하였다. 알코올 한계치수는 운전자와 자동차에 관계한 기중에 따라 적용되는 비율이 다른데(0.2mg/ml et 0.8mg/ml 사이이며 (키프로스에서는 0.9mg/ml) 보통은 0.5mg/ml이지만 초보운전자나 큰 트럭기사, 그리고 위험한 물건을 운반하는 운전자의 경우 최대 허용 치수가 다르게 적용된다.[34)]

k) 허용된 최대 속력

속도는 일반적으로 고속도로의 경우 110, 120 또는 130km/h이며 시내에서는 à 50이나 60km/h이다. 정확한 속도 제한을 알기 위해서는 표지판을 유의 깊게 살펴야 한다.

독일의 경우 최대한 제한속도는 시속 130킬로를 권장하고 있다.

유럽연합회원국 내에서 무료 비상전화번호는 112로, 사고 발생, 습격 또는 어려움의 모든 상황에 닥쳤을 경우 전화나 휴대폰으로 112를 누르며 되고, 이 번호는 모든 회원국에서 기능한다. 원칙적으로 답변은 전화를 건 나라의 언어로 되지만 전화를 받은 사람이 영어로 답변하기도 한다.

프랑스에서 도로교통법을 위반한 외국인 운전자가 바로 벌금을 내지 못하거나 프랑스에 주소를 입증할 방법이 없거나 직업을 입증할 방법이 없는 경우 검사의 결정에 의해 벌금공탁의 대상이 된다. 이런 경우 자동차를 압류하고 이로 인해 발생하는

34) 그러나 이런 융통성이 다 적용되는 것은 아니며 회원국의 법에 따라 혈중 알코올 최대 치수는 다양하다. 리투아니아, 라트비아, 헝가리, 폴란드, 체코 공화국, 루마니아와 슬로바키아는 운전자의 피 속에 한 방울의 알코올도 허용하지 않는다.

자동차에 관련된 비용들은 운전자가 지불해야 한다.

| 자동차에 대한 허용 제한 속도(km/h) | | | |
|---|---|---|---|
| 국가 | 도심지역 | 도심 외 지역 | 고속도로 |
| 오스트리아 | 50 | 100 | 130 |
| 벨기에 | 50 | 100, 120 | 120 |
| 불가리아 | 50 | 90 | 130 |
| 키프로스 | 50 | 80 | 100 |
| 체코 공화국 | 50 | 90 | 130 |
| 독일 | 50 | 100 | 130 |
| 덴마크 | 50 | 80 | 110, 130 |
| 스페인 | 50 | 90, 100 | 120 |
| 에스토니아 | 50 | 90, 110 | |
| 프랑스 | 50 | 90, 110 | 130 |
| 핀란드 | 50 | 80, 100 | 120 |
| 연합왕국 | 48(30마일) | 96, 112<br>((60 또는 70 miles) | 112<br>(70마일) |
| 그리스 | 50 | 90, 110 | 120 |
| 헝가리 | 50 | 90, 110 | 130 |
| 이탈리아 | 50 | 90, 110 | 130 |
| 아일랜드 | 50 | 80, 110 | 120 |
| 룩셈부르크 | 50 | 90 | 130 |
| 리투아니아 | 50 | 90, 110 | 110, 130 |
| 라트비아 | 50 | 90, 100 | |
| 몰타 | 50 | 80 | |
| 네덜란드 | 50 | 80, 100 | 120 |
| 포르투갈 | 50 | 90, 100 | 120 |
| 폴란드 | 50, 60 | 90 | 130 |
| 루마니아 | 50 | 90, 100 | 130 |
| 스웨덴 | 50 | 70, 90 | 110 |
| 슬로바키아 | 60 | 90 | 100 |
| 슬로베니아 | 50 | 90, 100 | 130 |

## 2. 비행기로 여행하는 경우

항공분야에서 유럽의 단일시장의 개척은 가격의 하락과 함께 승객들의 서비스와 교통수단의 선택에 많은 도움을 주고 있는데 항공 승객은 비행, 예약, 수하물로 인한 피해, 연착 그리고 취소, 탑승 거부, 사고의 경우나 단체 휴가시 문제가 발생했을 경우의 보상 등에 대한 권리가 있다.

### 1) 보 상

① 휴가비용과 함께 사고 또는 문제에 대한 보상

이 권리는 정기선 또는 국내, 국외선 항공 여행객들과 비용을 내고 휴가여행을 위해 비행기를 탄 여행객들에게 적용될 수 있다. 유럽연합 항공사를 이용했는가 아닌가에 따라 승객의 대우 차별은 새로운 규정에 따라 2007년부터 재검토되고 있다.

우선 항공 예약이 여행사에 의해 이루진 경우 여행사는 손님에게 관계되는 모든 정보를 전달해야 할 의무가 있다(항공사의 소속, 여정동안 갈아 탈 비행기, 기항지와 갈아탈 공항 등).

② 초과인원에 따른 탑승 거부의 경우

항공사는 상호 결정된 특권을 대신하여 탑승을 의도적으로 포기한 사람에게 물어봐야 한다. 만일 여전히 좌석이 모자라는 경우, 항공사는 비록 여행객이 효력이 있는 항공권을 가지고 있거나 아니면 관련된 비행기에 대해 예약할인을 하고 정상적으로 등록을 하였다 하더라도 이 승객의 탑승을 거부할 수 있다. 이런 경우, 항공사는 여행객에게 재정적 보상을 해야 하는데 이는 비행 거리에 따라 차이가 있다.[35] 그리고 항공사는 승객에게 대체 비행기와 표 환불의 두 가지 방법 중에 선택권을 준다. 환불은 7일 이내에 은행 계좌를 통해 현금을 지급되거나 승객의 동의하에 수표로 지불된다. 마지막으로 항공사는 승객에게 통신수단, 식사와 음료수, 필요한 경우 숙소 등을 제공한다.

③ 비행 취소 또는 중요한 연착

만일 비행 취소가 항공사의 책임에 있다면(기상 조건과 같이 예측할 수 없는 원인에 의한 것이 아니라), 항공사는 승객에게 탑승 거부 보상금에 해당하는 돈을 지불해야 한다. 단 승객

35) – 1500킬로 혹은 그 이하의 거리를 비행하는 경우 250유로
– 1500에서 3500킬로 사이의 거리를 비행하는 경우 400유로
– 3500킬로 이상의 거리를 비행하는 경우 600유로

이 비행 취소에 대해 적어도 2주 전에 연락을 받았을 경우나 예정된 비행날짜와 가까운 기일의 대체 비행기를 제안 받았을 경우에는 해당되지 않는다. 비행기가 2-4시간 연착하였을 경우(비행 거리에 따라 1500킬로 미만과 1500킬로와 3500킬로 사이, 그리고 3500킬로 이상), 항공사는 음료수, 식사, 통신수단 그리고 필요한 경우 숙소를 제공해야 한다. 연착에 대한 배상이 자동으로 이루어지는 것은 아니지만 만일 승객이 연착으로 인해 직접적으로 발생된 피해를 입었을 경우(돈을 지불한 호텔에서 묵지 못하는 경우, 잃어버린 근무수당…….) 승객은 이에 대한 보상을 받기 위해 바르소비 또는 몬트리올 조약 19항에 의거하여 항공사에게 배상을 청구할 수 있다. 반면에, 연착시간이 5시간 또는 그 이상인 경우, 승객은 스스로 비행을 취소할 권리가 있고 표 환불과 여행을 취소할 경우 돌아오는 비행기를 무료로 이용할 수 있다.

### 2) 사고가 발생했을 경우

#### ① 승객의 늦장으로 인한 피해

국제규정에 따라 승객이 늦게 탑승했거나 그의 짐으로 인한 지연(분실, 내용물의 훼손)이 발생할 경우 항공사는 책임이 있다. 공항 안전 검사에 따른 대상의 압류와 관련된 지연이나 불편함을 피하기 위해 유럽연합 공항에서 출발을 하는 모든 비행기에 대해 비행기에 실을 수 없는 목록과 화물칸에 적재할 수 없는 물건들의 목록이 작성되어 있다.

② 항공기 승객의 권리 수호

만일 탑승을 거부당했거나 비행기가 적어도 2시간 전에 취소되었거나 지연되었을 경우에 대해 승객의 권리를 알려주는 책자(특히 보상과 원조)를 탑승구 또는 등록창구에서 요구한다. 게다가 초과인원, 중요한 지연 또는 항공기 취소의 경우 항공사는 공동 규정의 중요한 원칙들을 제시한다.

모든 경우에 승객은 해당되는 문제에 대해 구체적으로 언급한 항공사가 사인하고 날짜가 적힌 증명서를 항공사 직원에게 요구함으로써 모든 문제에 대해 대비하는 것이 좋다. 2005년 새로운 법규에 따라 유럽 회원 국가들은 연합국에 위치한 공항에서 출발하는 비행기와 제 삼국에서 출발하여 유럽연합국 내의 항공사로 오는 비행기의 경우 중요한 지연, 취소 또는 탑승거부를 당했을 경우 이를 담당하는 기관을 배치해 두고 있다. 이 기관은 이 규칙이 제대로 적용되고 있는지, 그리고 이 규정을 지키지 않는 유럽 항공사에 대해 제재를 가하는 역할을 한다. 프랑스에서 이 기능을 담당하는 곳은 일반 민간항공관리국의 경제적 해결 사무소(DGAC)이다.

여행하기 전 금지된 품목을 소지하고 있는지를 확인해야 하는데 이는 공항 안전국에 의해 제재를 당하거나 비행기를 늦게 타게 되는 번거로움을 피하게 해준다. 승객이 가방에 가지고 가거나 손으로 들고 갈 수 있는 액체는 새로운 규정에 따라야 하는데 크림, 젤, 연치약, 에어졸 그리고 향수는 최대 100ml 용량의 개인 용기에 넣어야 하며 투명한 플라스틱 가방에 넣어야 하고 닫았을 때 1리터를 초과해서는 안 된다. 여행 중 아기를 위한 음식과 의약품들은 예외이다. 승객은 출발지역에서 산 음료수와 향수와 같은 액체류를 가지고 탈 수 있다.

## 3. 기차로 여행하기

유럽의 철도망은 210000킬로에 달하며 국제교통수단의 거대한 부분을 차지하고 있다. 여러 국가에 설치된 초고속 철로망은 시속 300킬로의 속도를 낼 수 있으며 점점 그 범위를 넓혀가고 있는 추세이다.

# 제2장 물건 구매하기

1993년 7월 1일부터, 재산의 자유로운 내왕이 유럽연합국 내에서 허용되면서 국경을 넘나들 때 재정과 세관 절차가 없어졌다. 따라서 모든 사람들은 유럽연합회원국의 다른 나라에서 양이나 값에 제한 없이 개인적인 필요 물품을 살 수 있다.

유럽연합의 다른 나라에서 물건을 구입했을 경우 부가가치세와 소비세가 가격에 포함된다. 부가가치세는 나라에 따라 적용 비율이 다른데, 공항에 있는 상점들이 가끔 〈세금 면제«hors taxe»〉라는 선전 문구를 붙여놓을 때가 있다. 이것은 유럽연합이 아닌 다른 나라에서 유럽연합으로 입국할 때 적용되는 특별한 규칙이 적용되는 문구다. 이 경우 제한된 물품의 한도 내에서 덜 비싼 부가가치세나 소비세를 지불할 수 있는데 왜냐하면 여행 중 다른 나라를 들르지 않았다고 판단하기 때문이다.

이 세금 면제 구입은 당신이 유럽연합 국가를 여행하는 동안에만 가능한데 왜냐하면 모든 회원국들이 단일시장을 이루고 있기 때문이다. 다음 도표는 2007년 1월 1일부터 유럽연합국에서 적용되는 정상적인 부가가치세와 할인 부가가치세의 율이다.

| 국 가 | 할인 부가가치세 | 정상적인 부가가치세 |
|---|---|---|
| 오스트리아 | 10 | 20 |
| 벨기에 | 6 | 21 |
| 불가리아 | 7 | 20 |
| 키프로스 | 5/8 | 15 |
| 체코공화국 | 5 | 19 |
| 독일 | 7 | 19 |
| 덴마크 | | 25 |
| 스페인 | 7 | 16 |
| 에스토니아 | 5 | 18 |
| 프랑스 | 5.5 | 19.6 |
| 핀란드 | 8/17 | 22 |
| 연합왕국 | 5 | 17.5 |
| 그리스 | 9 | 19 |
| 헝가리 | 5 | 20 |
| 이탈리아 | 10 | 20 |
| 아일랜드 | 13.5 | 21 |
| 룩셈부르크 | 6 | 15 |
| 리투아니아 | 5/9 | 18 |
| 라트비아 | 5 | 18 |
| 몰타 | 5 | 18 |
| 네덜란드 | 6 | 19 |
| 포르투갈 | 5/12 | 21 |
| 폴란드 | 7 | 22 |
| 루마니아 | 9 | 19 |
| 스웨덴 | 6/12 | 25 |
| 슬로바키아 | – | 19 |
| 슬로베니아 | 8.5 | 20 |

## 1. 안전하게 물건 구입하기

일반적으로 물건을 구입하는 경우 다음과 같은 사항들이 의무화 되어 있다.

• 가격 표시

소비자가 구입한 물품에 대한 정보를 주기 위해 유럽연합은 가격표 의무화제도를 실행하고 있다. 판매가격, 소비유통기한, 성분, 유독성 물건의 표시 등은 여러 개의 언어로 포장지에 적혀있어야 한다.

• 단위별 판매가격 게시

판매되고 있는 모든 소비 생산품들과 포장하지 않고 판매되는 다양한 양의 상품들의 경우 단위별 가격표시가 의무화되어 있다.

• 포장용품의 언어와 상품 사용 표시

포장용품에 대한 언어 사용과 사용법 표시에 대한 일관된 규칙은 없다. 판매업체에게 의무화된 유일한 조건은 포장용품에 사용된 언어가 소비자들에게 쉽게 이해될 수 있는 언어여야만 한다는 것이다. 그러나 사용된 언어가 상품의 자유로운 유통에 장애가 되지 않는지를 감독할 필요가 있다.[36]

36) 이러한 이유로 해서 유럽위원회는 회원국들에게 상품이 판매되는 나라의 언어를 사용하는 것과 함께 다양한 언어의 정보를 사용하도록 권장한다.

### 1) 위험한 상품들

유럽연합은 민감한 상품들(의약품, 화장품, 장난감, 식용품, 전기제품 등)에 대해 엄격한 기준을 정해놓고 있는데 어떠한 위험한 상품도 시장에 유통될 수 없다. 특정한 첨가물 또는 재료들은 완전히 금지된 것도 있다. 게다가 2006년 12월에 채택된 REACH 규정은 화학제품들의 등록, 평가 그리고 허용에 대한 완벽한 대책을 마련하였다. 그리고 이에 대한 입증사항은 모두 물건을 제조한 산업체에게로 돌아가는데 따라서 생산업체들은 사용된 상품들이 유독한 것이 아닌지를 증명해야 한다. 이 규정은 2007년 1월 1일부터 적용되고 있다.

사용자들에게 있어 위험요소가 있는 경우 제조업자는 상품이 판매되고 있는 나라의 언어로 포장지에 경고 문구를 명확하게 적어 넣으면서 유럽연합의 모든 나라에서 동일하게 사용되는 그림기호를 사용하여 사용상 주의할 것을 명시해야 한다(인화성 상품의 경우 "불", 독성이 있는 상품의 경우는 "해골"). "위험한 상품"이라는 표시는 가스, 에어졸의 입구가 좁고 몸체가 둥글고 큰 포장용 병에다가 삼각형의 형태(또는 3개의 점)로 표시하는데 이는 유럽에서 표준화되어 있다.

신속한 경보체제는 위험한 상품의 경우 이 상품에 관한 위험, 이미 취해진 조치, 상품의 유통에 관한 필요한 모든 정보들을 알려 회원국들과 유럽위원회에게 경보를 알릴 수 있게 한다. RAPEX제도는 의약용품, 동물에 관련된 상품, 동물을 성분으로

한 제품들에게는 적용되지 않는다.

화장품의 경우, 2005년 3월 11일부터 화장품 제조업자는 사용 기간이 30개월 이상인 생산품에다가 상품을 개봉한 후 최대 사용 기간을 명시해야 한다. 또한 개봉 후 사용할 수 있는 개월 수를 표시해야 하는데 예를 들어 12M이라는 것은 개봉 후 12개월까지 사용할 수 있다는 표시다.

식용품의 경우, 유럽 단일시장에서 소비자의 안전은 다음과 같은 조치를 통해 보장받을 수 있다 :

- 식품 구성성분 규칙 : 위험한 첨가물을 함유한 어떠한 상품도 유럽연합내에서는 판매될 수 없다.
- 라벨 규칙 : 소비자가 구입하는 식용품에 대해 정보를 알 수 있도록 하기 위해 유럽연합은 의무적인 라벨 체제를 실시하고 있다. 생산장소, 소비유통기한, 성분과 무게들이 소비자가 쉽게 이해할 수 있는 언어로 포장지에 명시되어 있어야 한다.
- 위생상 위험을 제거하기 위해 적합한 온도를 유지해야 하는 위생 식료품들에 대한 특별한 위생조치
- 유럽 회원국들에게 중독을 초래할 모든 상품에 대한 정보를 제공하고 시장에서 판매할 수 없도록 요구하는 신속한 정보교환체제

유전자조작에 의한 상품은(OGM)은 단기간에 직접적인 위험이 있는지, 장기간에 환경에 영향을 주는지에 대한 평가가 내려진 후에 시장에서 판매될 수 있다. 게다가, 시민들은 새로운 OGM이 시장에 판매되는 것에 대해 의무적으로 정보를 전달받아야 한다. OGM의 1%가 넘는 함량을 포함하는 생산품에 대한

표지는 1998년 9월 1일 이후로 의무화되었다(단 유전자 조작된 옥수수와 콩은 유럽시장에서 허용된다).

### 2) 자택 방문판매와 장거리 판매

#### ① 자택 방문판매

방문판매는 거주지, 직장, 또는 여행 중에 발생할 수 있는 판매 방법으로서 구입자는 다른 상품들과 품질과 가격을 비교하지 않고 물건을 구입할 수 있다. 이때 구입한지 7일 이내에 상품을 취소할 수 있다는 점을 소비자에게 알려주는 등의 소비자의 권리에 대해 구체적으로 명시한 글로 쓰여진 계약서를 전해줘야 한다. 이러한 보호책은 식료품, 음료수의 구입에 대해서는 해당사항이 없다.

#### ② 장거리 판매

구입자는 원하지 않은 상품의 배송과 은행카드의 부정사용에 대해 보호를 받을 수 있다. 그러나 이러한 보호책은 가구제품 판매나 제조에 관계된 판매를 포함하여 모든 계약에 적용되지는 않는다.

상품을 장거리 통신(전화, 인터넷, 카탈로그, TV 판매)을 이용하여 유럽연합 국가 내에서 구입한 경우 판매자는 계약서를 작성하기 전에 여러 가지 다양한 정보(회사에 대한 정보, 모든 것을 포함한 총금액)를 제공해야 하는데 특정한 사항의 경우(취소할 수 있는 권리에 대한 정보) 글로서 배송 시기에 맞추어

확인시켜줘야 한다. 상품의 배송은 30일 이내에 이루어져야 하는데 구입자는 물건을 받은 날로부터 7일 이내에 취소할 권리를 가지고 있으며 만일 판매자가 의무적으로 알려줘야 하는 사항들을 글로 확인시켜주지 않았을 경우는 3개월까지이다.

### 3) 소비제품의 보증과 판매 후 서비스

상품 판매 시, 판매자는 판매 계약서에 합당한 물건을 제공해야 한다. 합당하지 않는 물건을 판매한 경우, 구입자는 추가비용 없이 수선 또는 물건의 대체를 요구할 수 있다. 물건들에 대해 만족스럽지 못한 경우 구입자는 가격의 합당한 할인 또는 계약 취소를 요구할 수 있다. 이러한 규칙은 물건이 하자가 있는 경우 물건 배송일로부터 최대 2년 기한 내에 적용된다.[37]

## 2. 자동차 구입하기

### 1) 유럽연합의 다른 나라에서 새 자동차를 매입하는 경우

새 자동차라고 부르는 것은 주행거리가 6천 킬로 이하이거나 운행한지 6개월 이내의 차량을 의미한다.

① 가 격

새 자동차의 가격은 나라마다 많은 차이를 보이는데 유럽위

37) 유럽연합국 내에서 구입한 물건의 경우 최소 2년간의 판매 후 서비스를 받을 수 있다.

원회는 매 분기마다 비교될 수 있는 가격표를 공시한다. 프랑스에서 부가가치세율은 19.6%이며 세금은 자동차 인도일로부터 15일 내에 납부하게 되는데 번호판에 해당하는 지역의 세금에 주요 수입원이 된다.

② 판매규칙

유럽연합의 회원국에 속하는 다른 나라 국적의 구매자에게 국적이나 거주하는 나라라는 이유로 어떤 차별적인 적용도 용납되지 않는다.

③ 영수증

구매자는 다음과 같은 양도서류를 받아야 한다.

- 주문계산서
- 유럽연합 마크의 모든 판매장에서 유효한 판매 후 보장 서비스 조건과 보증서
- 유럽공동체 확인증명서

유럽공동체 확인 증명서는 유럽연합기술 규격에 따라 자동차가 만들어진 것인지를 검열하는 점검서이다. 구입한 차가 유럽연합의 승인을 받은 것인지를 알기 위해서는 자동차 서류 혹은 판매자가 발부한 서류를 확인하면 된다. 만일 자동차가 유럽연합 인증을 받은 것이라면 판매자가 발부한 첨부된 확인증명서는 유럽연합 모든 회원국에서 유효하다.

④ 등 록

등록은 일상 거주하는 나라에서 실시하는데 자동차주가 개인적 또는 직업적인 일로 인해 일 년에 적어도 185일 동안 머무는 장소를 의미한다. 프랑스의 경우 번호판은 자동차 배송 이후부터 15일 내에 거주지역의 도청이나 군청에서 의무적으로 신청하여 달게 되어 있다. 대도시의 경우 시청에서 이 업무를 맡기도 하는데 파리의 경우는 거주지역의 경찰서에서 일을 맡고 있다.

자동차 등록을 얻기 위해서는 다음과 같은 서류들이 필요하다.

- 구입영수증
- 인정받는 조세기관에서 발부된 부가가치세 납부 증명서(취득증명서라고 불림)
- 신분증명서류
- 발급된지 3개월 이내의 거주 증명서
- 소유주의 거주 신고서
- 자동차 확인 증명서

## 2) 유럽연합회원국의 다른 나라에서 중고차를 구입했을 경우

중고차란 운행한지 6개월 이상의 차량 또는 6,000킬로 이상 주행한 차를 의미한다.

① 부가가치세(TVA)

유럽연합회원국에서 구입한 중고차의 경우 부가가치세를 내지 않는다. 그러나 프랑스의 경우 부가가치세가 구입자가 거주하는 지역의 세금에 중요한 수입원인 이유로 해서 면세세금 증명서가 자동차 등록증을 발부받기 위해서 필요하다. 만일 구매가 부가가치세를 내야 하는 판매자의 나라에서 이루어졌다면 적용되는 것은 판매자가 있는 나라의 부가가치세이다.[38]

등록세 또는 교통세와 같은 다른 세금들은 자동차를 등록한 나라에 낸다.

② 등 록

자동차 등록은 평상시 거주하는 나라에서 행해진다. 프랑스의 경우 자동차 등록은 도청에서 하게 되는데 다음과 같은 서류들이 필요하다.

- 신분증명서
- 소유주의 거주 신고서
- 원 등록증명서(이전 소유주가 사인하고 판매된 이라는 글이 적히고 사선이 그어진)
- 양식을 갖춘 등록 신청서
- 이전 소유주가 작성한 양도 증명서(등록신청서 양식 첨부)
- 자동차 확인 증명서
- 세금기관에서 발부한 세금 증명서
- 4년이 지난 자동차에 대한 판매인이 실시한 6개월이 지나지 않은 자동차 기술 검사장에서 발행한 통과 증명서

38) 두 가지 경우가 있을 수 있다.
- 사전에 부가가치세의 할인이 있었다면 자동차 가격 전부에 대한 세금
- 그렇지 않은 경우 재판매자의 혜택 금액에 대한 세금(구입 가격과 판매 가격 사이의 차액)

③ 대리인

대리인이란 자동차를 구입한 사람이 자신의 편의를 위해 글로 위임장을 써서 자기 대신에 자동차를 사게 한 중개자를 말한다. 위임장에는 다음과 같은 내용들이 명확히 기재되어 있어야 한다.

- 구입자가 중개인에게 요구하는 사항들(등록, 부가가치세 등)
- 자동차 모델
- 제조년도
- 구입가격
- 자동차의 특별사항(색깔, 옵션…)
- 배송기간

선불의 경우 자동차 전체 가격의 10%를 넘어선 안 된다. 구입자는 대리점에 직접 갔을 경우 같은 보증서류를 받아야 하며(계약서, 보증서, 일치증명서) 중개인을 통해 구입했을 경우 부가가치세는 수령자의 마진에 대해 계산된다.

게다가, 비록 중개인이 모든 행정적인 절차를 담당한다 하더라도 부가가치세를 지불해야 하는 사람은 구입자이며 자신의 거주지의 세금까지 지불해야 한다. 만일 중개자가 부가가치세를 해결하지 않은 경우, 구입자는 부가가치세를 두 번 낼 수도 있다. 자동차를 재판매하기 위해 자신들의 이름으로 자동차를 구입하는 재판매수입상들이 있는데 이 경우 자동차 생산년도를 확인하고 애프터서비스에 대한 보증 증명서를 받아야 한다. 매년 유럽위원회에서는 유럽연합국 내의 자동차의 가격에 대한 보고서를 공표하는데 다른 나라에서 85개 모델의 자동차의 가격을 비교할 수 있다.

만일 유럽연합에 속하지 않는 나라에서 유럽연합국으로 들어오는 경우 아래에 열거해놓은 제한된 품목 하에서 개인용으로 가져오는 상품들의 부가가치세와 소비세를 면제받을 수 있다.

## 3. 식료품 구입하기

식료품 품질에 대한 유럽 상표는 유럽 규모에 따라 세 개의 상표가 있다.

### 1) 보호받는 원산지 상표(AOP)

이것은 상품의 생산, 변형 그리고 가공 등이 잘 알려져 있고 인정받은 기량과 함께 지형학적 특정지역에서 행해져야 하고 이 지역을 벗어난 곳에서는 생산할 수 없는 상품들을 나타낸다. AOP는 프랑스에서 검증된 원산지 상표(AOC)의 모든 물품들에 가깝다.

### 2) 보호된 지역 표시(IGP)

이 표시는 생산, 변형 또는 가공지역 중에 적어도 하나의 산지와 관련 있음을 보장한다. 프랑스에서 1994년 1월 3일 법에 의한 IGP의 모든 요구는 붉은 색의 라벨 또는 생산품의 품질 확인서(CCP)를 공식 표식과 연관 짓게 하고 있다.

3) 전통 보증 특산물(STG)

원산지를 표시하지는 않지만 생산물의 전통적인 성문 또는 전통 생산품 방식의 가치를 부여하는 데 목적을 두고 있다. 프랑스에 경우 특산물 증명서에 해당한다.

4) 생물 농업 품에 대한 유럽 로고

생물 상품이란 빵, 비스킷, 과일주스 등 식물에서 추출한 하나 또는 여러 개의 성분을 포함하고 있는 음식과 관련된 상품들과 더불어 변형되지 않는 식물 농업품(세레알, 야채, 과일 등)을 의미한다. 생물학적 농업은 식품의 생산과 변형에 있어서 몇 가지 기준에 적합해야 한다(환경보호, 동물들의 행복, 비료 또는 합성 살충제 금지, 유전자 조작, 성장을 촉진하는 호르몬이나 항생물질 금지).

"생물학적 농업"이라는 검인이 찍힌 상품을 사는 경우 소비자는 성분의 95%가 생명공학 방식에 따라 생산되었으며 공식 검열제도 규칙을 충족시키고 잘 봉인된 포장으로 생산자로부터 직접 생산된 상품이라는 것을 믿을 수 있다. 그러나 bio 또는 자연 상품이라는 상표가 붙은 상품들이 반드시 생명 농업에 의해 만들어진 상품이라는 것을 의미하지는 않는다.[39]

---

39) 이러한 혼돈을 막기 위해, 2006년 7월부터 생물 농업에 의해 만들어지지 않는 상품의 경우 bio라는 말을 사용하지 못하도록 되어 있다.

## 4. 주의를 요하는 물건들

특히 주의를 요하는 물건들의 경우 신고를 하거나 검사를 받아야 하는데 이러한 것들은 다음과 같다.

- 문화적 재산들(예술 작품들)
- 멸종 위기에 있는 동물이나 식물들
- 살아 있는 동물, 동물 박제품, 동물을 재료로 만든 식료품
- 특정 식물과 식물로 만든 상품
- 무기와 군수품
- 사람이 사용하는 의약품, 마비약, 향정신약
- 포도주, 술, 그리고 담배
- 석유제품, 단 여행 차량 기름 탱크에 포함된 기름과 최대 10리터의 석유통은 제외

모든 사람은 유럽회원국의 다른 나라로 이동을 하는 경우 담배와 술을 구입할 수 있다. 만일 구매품들이 개인적 또는 가족을 위한 것일 경우, 그리고 자신이 그것을 직접 운반하였을 경우 프랑스로 들어올 때 세금을 지불하지 않는다. 단지 물건을 구입한 나라에서 이 물건들에 대한 소비세만을 지불한다(특별소비세). 프랑스 주요 도시에서 담배의 소량 판매에 대한 독점의 이유로 인해, 외국에 위치한 인터넷 사이트로 담배(시가, 담배)를 원거리 구매를 한 사람은 운송비 이외에 세금(소비세, 부가가치세)을 내야 한다.

상업용으로 추정될 수 있는 양의 한계는 다른 기준들 중에서

구매의 상업적 성격을 결정짓는데 사용된다. 매입자는 아래에 열거된 한계를 넘어서 담배와 알코올이 함유된 음료수를 프랑스에서 자신의 개인 소비용을 위해 살 수 없다.

### 1) 담배에 대한 양의 한계

여행객이 살 수 있는 가공된 담배는 담배, 작은 여송연, 시가, 피우는 담배 등인데 여행객은 이 물건들을 한 갑 또는 여러 갑을 가지고 갈 수 있다. 2006년 1월 1일부터 한계는 다음과 같다.40)

- 담배 1킬로그램까지 또는 담배 5보루)까지는 벌금이 없다.
- 담배 1-2킬로(담배 6-10보루)의 경우 한 보루당 간단한 서류 작성과 25유로의 벌금
- 2킬로 이상의 경우(담배 10보루 이상) 운반금지.

간략한 서류를 작성해야 하는 경우(운반 목적), 여행객은 국경에 있는 프랑스 세관에게 가야 한다.

주의해야 할 사항은 여기서 언급된 한계는 여행객 수에 상관없이 운송방법에 적용되는 것이지 개인당에 해당되는 것이 아

40) 불가리아, 에스토니아, 헝가리, 라트비아, 폴란드, 슬로바키아, 슬로베니아 체코공화국과 루마니아로부터 들어오는 담배, 그리고 에스토니아에서 오는 입으로 피는 담배에 대해 세금을 물지 않고 프랑스로 가지고 들어올 수 있는 양은 다음과 같다.
- 담배 200개비, - 작은 여송연 100개, -입으로 피는 담배 250g
- 시가 50개

니다(특별한 운반차량, 상업 적재 이외의 트럭). 버스와 같은 집단 운송수단의 경우 여행객에게 적용된다.

### 2) 알코올이 함유된 음료수의 양의 한계

- 알코올음료(위스키, 진, 보드카) : 10리터
- 중간 음료(베르뭇주, 포르투갈산 포도주, 마디라 20리터
- 포도주 : 90리터로서 거품이 있는 포도주는 최대 60리터
- 맥주 110 리터

어떤 회원국들은 15세 미만의 여행객에 대해 90유로로 제한하기도 하며 핀란드의 경우 개인당 맥주 16리터의 제한을 적용한다.

# 제3장 세 관

## 1. 허가를 받아야 하는 물품들

어떤 물품들은 그것이 유럽연합회원국이건 제 3국에서 오건 간에 상관없이 규제를 따라야 한다. 프랑스로 이 물건들을 반입하려면 특별한 절차(신고, 사용허가증, 소유허가증)를 거쳐야 한다. 특히 무기와 군수품의 경우, 특별한 종의 동물이나 식물들이 이에 속한다.

### 1) 무기와 군수품

어떤 종류인지 그리고 어느 나라에서 오는 것인지에 따라 특별한 자격(운송허가증, 전쟁, 무기 그리고 군수품 수입허가증(AIMG)이 필요로 한다.

### 2) 식물과 식물 제품

어떤 식물이나 식물 제품들은 세관에 물건을 통과시키기 전에 유럽연합 영토내에 들어오는 시점에 의무적인 식물위생 검사를 받아야 한다. 이 경우 식물 위생 통과증이 필요한데 이것은 식물 보호 지역소에 의해 배부된다.

3) 멸종위기에 있는 야생동물과 야생식물들

이런 종들은 CITES 또는 워싱턴조약이라고 불리는 멸종위기에 처해 있는 야생동물 국제거래에 대한 조약의 2와 3항에 의해 보호된다.

이런 종들로부터 관련된 물품의 입국 역시 검역을 거쳐야 하며 환경지역관리국에 의해 발부된 CITES 허가증을 소지해야 한다.

## 2. 프랑스로 반입이 금지된 물건들

어떤 물건들은 프랑스로의 반입이 금지되는데 특히 다음과 관련된 것들이다.

- 어린 소년, 소녀에게 성욕을 느끼게 하는 물건
- 위조품들
- 3달이 안되고 광견병 예방중사를 맞지 않은 애완동물들(개, 고양이 그리고 흰 족제비)
- 공격성향이 강한 개들
- 반입 수의(獸醫) 서류(DVCE)가 없는 유럽연합국 이외의 제 삼국에서부터 오는 고기, 우유 또는 고기나 우유를 재료로 한 물건들
- 마약과 향정신약(단 이 약품들에 대한 처방전이나 의료증명서가 있는 경우 제외)
- 유럽 식물들에게 해를 끼칠 수 있는 생물의 전이매체가 될 수

있는 식물이나 식물로 만든 제품들

– 워싱턴조약에 의해 보호받고 있는 멸종위기의 종들

또한 상표를 위조한 제품을 프랑스로 반입하거나 반출, 또는 소유하고 있는 경우 벌금형과 구류형에 처해질 수 있다.

## 3. 프랑스를 출국할 때의 세관(유로와 외국통화)

현금 또는 금액에 제한이 없는 그에 상응하는 가치를 갖는 것(여행자 수표, 신용증서)들은 어느 나라를 막론하고 외국으로 가져갈 수 있다. 그러나 다음과 같은 경우 의무적으로 신고해야 한다.

– 유럽연합으로 들어오고 나가는 현금

현금 또는 악기로서 만 유로 이상을 가지고 유럽연합국을 들어오고 나가는 사람은 유럽회원국의 인증받은 기관에 신고를 해야 한다.

– 유럽회원국 내부로 들어오는 금액, 증서

프랑스 은행과 같은 특정기관을 통하지 않고 만 유로 이상의 금액이나 증서를 프랑스에서 다른 유럽회원국으로 가지고 가는 경우 세관에 신고를 해야 한다.

신고를 하지 않거나 거짓 신고를 했을 경우, 당사자는 처벌을 받을 수 있다(특히 위반하거나 위반할 의도의 물건 값의 4분의 1에 해당하는 벌금, 그리고 세관원에 의해 금액 전체 압류).

## 4. 유럽연합 내에서 지불 방법

1993년 단일시장이 시작된 이후, 재산과 서비스는 유럽연합의 다른 회원국에서 개인적인 용도를 위해 자유롭게 매매될 수 있다.

### 1) 현금 지불

가장 많이 사용하는 방법이다. 유럽연합에 속하지만 유럽 존에 속하지 않는 국가에서 환전의 경우, 은행에 의해 실행되는 다양한 환전비율이 비교되어져야 한다.

은행이 수수료나 비용을 떼는지를 확인해야 하며 영수증을 늘 받아야 한다.

### 2) 은행카드로 지불

국제은행 카드(비자 또는 유로카드-마스터카드)는 구매 총액에 제한없이 사용하거나 현금자동인출기에서 현금을 찾아 쓸 수 있게 해준다.

### 3) 수표로 지불

유로 존의 국가에서 유로로 된 수표를 사용할 수 있는데 이때 은행기관은 수수료를 뗄 수 있으며 이 비용은 은행에 따라 차이가 난다. 게다가 상인이 항상 수표로 지불하는 것을 받아들이는 것은 아니다.

### 4) 국제보통우편환

국제 우체국 망을 통해 가장 적은 비용으로 현금을 외국으로 보내는 방법이다. 이를 위해 우체국에 계좌를 가지고 있을 필요는 없다. 국제 보통 우편환을 보내기 위해서는 우체국에 가서 이전할 현금을 주고받는 사람의 이름과 주소를 기입하면 된다. 우편환을 받는 사람은 지불을 집행하기 위해 행선지 국가에서 보내진 돈을 받을 수 있는데 일반적인 규칙에 따라 돈의 발송 기간은 우편발송과 같다(유럽의 경우 4-5일).

2006년 1월 1일부터 유럽연합 국가에서 은행 수수료와 관련하여 5만 유로까지 은행 카드를 통해 지불하거나 돈을 찾는데 들어가는 은행 수수료는 자국에서의 수수료와 동일하다. 국경을 벗어난 지불은 자국에서의 지불과 같은 비용이 든다. 이 원칙은 5만 유로 한도 내에서 은행 계좌를 통한 이전의 경우에도 마찬가지이며 이 규칙은 스웨덴 왕국에서도 마찬가지로 적용된다.

또한 수수료의 투명성을 위해 은행기관은 국가 간의 지불에 관계된 모든 유형에 대해 자신들이 떼는 수수료를 사전에 알려줘야 하는데(어음, 은행카드 또는 수표) 이 정보들은 서신 또는 전신방법을 통해 손님에게 전달된다.

유럽연합이 아닌 나라에서 오는 여행객은 유럽연합에서 머무는 동안 그들이 샀던 물건들에 대해 지불했던 부가가치세를 환불받을 수 있는데 물건을 구입한 후 3달 이내에 나라를 떠난다는 조건과 함께 이 물품들이 부가가치세 환불과 관계된 세관 서류가 같이 있을 때 가능하다. 이 서류들은 보통 물건을 판매한 상인에게서 받는다. 그러나 이것은 어디까지나 권장사항이므로 모든 상인들이 이 규칙을 따르지는 않는다.

# 제4장 유럽연합 내에서의 거주, 활동, 생활하기

## 1. 일반적 규칙

경찰의 검문을 받을 경우 유럽 회원국 국민이라는 것을 증명하기 위해서 신분증이나 여권을 가지고 있는 것이 좋다. 유럽 회원국들 중 한 나라에서 활동하기 위해서는 단지 신분증만 있으면 된다. 게다가, 유럽연합의 비 회원국들 중 몇 나라를 여행하기 위해 머무는 경우에는 신분증만으로도 충분하다(크로아티아, 터키, 모로코, 노르웨이 등).

그리고 미성년자의 경우, 신분증이나 여권 이외에 영토를 벗어나는 것에 대한 허가증이 필요하다. 자기 나라 이외에 유럽연합국의 한 나라에서 유럽 선거에 투표하거나 선출되기 위해서는 유럽회원국 국민이라는 것을 증명해 주는 신분증이나 여권이 필요하다.

### 1) 거주증명서

유럽경제 회원국들 중 한 곳에 3개월 이상 머물기 위해서는 유럽회원국이 아닌 제 삼국의 국적을 가진 가족의 경우 체류증을 지녀야 한다. 유럽회원국들 중 한 나라에 머무는 연합 국민들은 회원국에 도착한 날로부터 3개월 안에 검증기관에 신고를 해 증명서를 발급받아야 한다. 그리고 이 증명서에는 증명서 발급일과 신청자의 이름과 주소가 구체적으로 명시되어야 한다.

### 2) 운전면허증과 보험

운전을 하기 위해서는 유럽회원국과 유럽 경제 회원국에서 사용할 수 있는 운전면허증을 지녀야 한다. 사고가 발생했을 경우 운전자는 자동차 보험증명서를 제시해야 한다.

### 3) 예술작품 증명서

유럽연합회원국에서 또 다른 회원국으로 예술작품을 이동할 경우 서류가 있어야 한다. 또한 이 작품이 국보급의 가치를 지니지 않는 경우 재산 이동 신청서와 더불어 임시 출국 허가증이나 발급증(국보급에 해당하는 작품을 반출하는 경우에는 특별한 임시 허가증)이 있어야 한다.

### 4) 애완용 동물에 대한 위생 증명서, 여권

애완용 동물을 동반하고 유럽 경제연합국(EEE)내를 여행하기 위해서는 동물 광견병 예방주사 증명서와 출국하기 5일전 수의사가 발급한 동물의 건강상태가 양호하다는 것을 입증해 주는 증명서가 있어야 한다.

2004년 7월 3일 이후부터 애완용 동물에 대한 모든 의학적 정보가 여권에 기록된다. 이 서류는 아일랜드, 스웨덴, 그리고 연합왕국(잉글랜드, 스코틀랜드, 북부 아일랜드를 합친)을 제외한 모든 유럽연합국 내에서 애완용 동물을 데리고 여행하는 것을 용이하게 해준다. 위의 세 국가는 5년 동안의 추가적인 절차를 요구한다. 공동체 법규에 의해 보호되는 특정한 종류의 동물이나 식물을 가지고 여행하기 위해서는 이 견본의 합법적인 소유 증명서로서 CITES 허가증, 구입증명서, 양도증명서 등을 가지고 있어야 한다.

### 5) 유럽의료보험증

모국과 유럽경제연합(l'EEE)의 또 다른 국가에서 의료에 관련된 비용을 선불로 내지 않고 사회적 보호의 혜택을 받기 위해서는 유럽의료보험증을 제시해야 한다. 이 보험증은 2004년 6월 1일부터 점차 대체되었는데 프랑스에서 유럽의료보험증은 의료보험기구에서 발부되며 기한은 1년이다. 그러나 이 보험증은 프랑스 내에서 모든 병 치료에 들어가는 비용을 환불해 주는 생활보장카드를 대체하지는 않는다.

## 2. 유럽연합에서의 거주 거부와 격리

유럽연합회원국 내에서 거주권의 혜택을 받는 프랑스 국민들과 그 가족구성원들은 여러 가지 이유로 인해 격리 대상이 될 수 있다.

### 1) 공익질서 또는 공익의 안전을 위한 조치

공익질서 또는 공익의 안전을 위한 조치는 전적으로 개인의 개별적 행동에 근거를 둔다. 이는 사회의 기본 이익에 대해 현실적이고 실제적으로 충분한 위협이 된다는 전제가 있어야 한다.

이전의 형사처벌 기록만으로는 격리에 대한 동기가 될 수 없으며, 격리조치를 내리기 전 정부는 다음과 같은 사항을 고려해야 한다.

- 그의 나이와 건강상태
- 가족상황과 경제적 상황
- 사회에서 사회적이고 문화적인 동화
- 체류국과의 연관 정도

### 2) 공공질서와 안전에 대한 위험이 있다고 판단하기 위한 증거

조치를 취할 필요가 있다고 생각되는 대상이 공공질서나 안전에 해를 끼칠 수 있다고 판단하여 조치를 취해야 한다는 것을 입증하기 위해서는 체류국가는 프랑스 뿐 아니라 다른 회원국들에게 관찰 대상자의 이전 사법경력을 요구할 수 있다.

### 3) 격리로부터의 보호

프랑스인 국적을 가지고 있거나 프랑스인 가족의 일원은 그 국적이 어디이건 간에 회원국내에서 영주권의 자격(5년)을 가지고 있는 경우 공공질서나 안전을 해하는 심각한 동기를 가지고 있지 않은 다음에는 회원국에서의 격리대상이 될 수 없다. 게다가 다음과 같은 조건을 가진 프랑스인의 경우 결코 격리의 대상이 될 수 없다.

- 이전 10년 동안 유럽회원국에서 거주를 했던 사람
- 공익질서나 안전에 해를 끼칠 수 있다고 회원국에서 판단 내리지 않은 경우를 제외한 미성년자

### 4) 공익건강

격리조치를 받아야 한다고 입증된 환자들은 세계위생협회(OMS)에서 정의한 잠재적인 전염병과 대중이 보호를 받아야 할 정도의 전염성 병이나 기생물이 원인인 병을 보유한 환자들만이 격리의 대상이 된다. 체류국에 도착 후 3개월이 지난 이후의 병이 발생한 환자의 경우는 격리조치의 대상이 될 수 없다. 격리절차는 다음과 같다.

① 결정통보

공공질서나 공익의 안전을 위해 격리조치에 관련된 모든 결정은 문서로 해당자에게 통보되어야 하며 격리조치에 대한 상

세한 동기와 이를 입증하는 서류들이 포함되어야 한다. 그리고 대상자가 그 내용과 효력에 대해 이해할 수 있도록 조치되어야 한다.

통보는 다음과 같은 것을 포함해야 한다.

- 대상자가 상소할 수 있는 행정 당국이나 사법 당국을 표시하고 상소기간을 표시해야 한다.
- 상소가 받아들여지지 않는 경우 대상자는 법적으로 위급사항의 경우를 제외하고는 통지를 받은 날로부터 그 나라를 떠나야 하는 유예기간이 한 달 이내가 되어서는 안 된다.

② 항 소

항소절차는 격리조치와 이를 입증하는 서류들의 합법성을 검토하게 하는 절차이다.

결정 취소 요구서가 격리조치 집행에 대한 집행유예 급속심의판결 요구서를 동반한 경우, 예외적인 경우를 제외하고는 판사가 판결하지 않은 이상 격리조치를 집행할 수 없다.

③ 조치의 집행

격리 조치[41]된 프랑스인은 어떠한 서류 작성 없이도, 여권이나 신분증이 기한이 만료되었다 하더라도 프랑스로 귀국할 수 있다.

---

41) 격리 조치를 당한 사람은 이런 조치를 내린 유럽회원국을 대상으로 격려조치 후 최대 3년이 지난 후에 재입국 요구를 할 수 있다. 격리조치를 내린 회원국은 이런 요구에 6개월 내에 답변해야 한다.

## 3. 자유로운 내왕 원칙

유럽연합 국민들, 유럽경제연합에 합의한 일부 다른 국가들의 국민들과 스위스 국민들은 특별한 서류 없이 3개월 미만동안 프랑스에 체류할 수 있다. 만일 프랑스 내에서 신분증 검사를 받게 되는 경우 기간이 유효한 신분증이나 여권을 소지하고 있으면 되며, 2007년 1월 1일부터 입국권과 체류권은 불가리 국민과 루마니아 국민들에게도 적용되고 있다.

유럽국민들과 스위스 국민들은 가까운 가족구성원을 그들의 국적이 무엇이던 간에 동반할 권리가 있다(남편이나 아내, 21살 미만의 자녀들 또는 부양해야 할 직계 후손).

프랑스 영토로 입국하는데 필요한 조건은 이들이 유럽 국적 또는 스위스 국적을 가지고 있는지 아닌지에 따라 다르다. 동반자가 유럽 시민이거나 스위스 국민인 경우 효력이 있는 여권이나 신분증만 가지고 있으면 프랑스에 3개월 미만 동안 체류할 수 있다. 만일 동반자가 유럽 경제연합에 가입하지 않은 제 삼국의 국적이나 스위스 국적을 지니고 있지 않은 경우 동반한 가족은 효력이 있는 체류증이 없는 관계로 다음과 같은 서류를 가지고 있어야 한다 :

- 효력이 남아 있는 여권
- 비자
- 또는 국적의 이유로 인해 비자가 면제된 경우라면 가족관계를 입증하는 서류

비자 신청을 입증하기 위해 관련자는 유럽 시민이거나 스위스 시민과 가족관계임을 증명할 수 있어야 한다. 영사관에서는 비자기간을 최대한 연장하여 무료로 배부해 준다.

비자 거부에 대한 모든 결정은 이 동기가 국가의 안전에 위협을 가하지 않는 경우 반드시 그 이유를 명확히 밝혀야 한다.

유럽시민과 그 가족들의 내왕 자유권은 공익 질서의 이유로 인해 제약받을 수 있다. 게다가 이들의 체류권은 의료보험이나 사회보험과 같은 프랑스 사회보장제도에 맞지 않는 경우 제약받을 수 있다. 그러나 사회보장조치에 대한 항소자 자동적으로 격리조치로 이어지는 것은 아니며, 직장인과 직업신청인들은 단지 직업을 구한다는 이유 하나 만으로 격리대상이 되어서는 안 된다.

### 1) 유럽연합의 다른 회원국에 입국 또는 여행하기

#### ① 사람의 내왕에 대한 자유 원칙

프랑스 국민들은 체류기간이 3개월이 넘지 않는 한 특별한 서류 없이 유럽회원국이나 유럽경제연합조약에 따른 국가들에 입국하거나 여행할 수 있다. 이 국가들 중 한 곳에 입국하거나 3개월 미만 체류할 때 신분증 검사를 받게 되는 경우 효력이 남아 있는 여권이나 신분증을 제시하면 된다. 그러나 체류국은 해당자가 처벌형을 받았을 경우 합리적인 기간 동안 체류할 것을 요구할 수 있다.

② 동반한 가족의 일원

프랑스 국민은 자신의 가족 친지들 중 그들의 국적에 상관없이 함께 다닐 권리를 가지고 있는데 가족 친지는 다음과 같다.

- 배우자
- 21살 미만이거나 부양해야 할 자식들
- 부양해야할 직계 후손이나 배우자의 직계 후손
- 머무는 나라의 국내법에 따른 가족의 또 다른 구성원

그러나 이들이 유럽 국민이냐 아니냐에 따라 유럽연합회원국이나 유럽 경제공동체와 협정을 맺은 나라의 영토로 입국하는 데의 조건은 차이가 있다.

a) 동반자가 프랑스 국민이거나 유럽 국민인 경우

프랑스 국민일 경우 가족구성원이 유럽 경제공동체에 입국하는 경우 체류 기간이 3개월이 넘지 않으면 체류하는 나라의 법에 따라 자신들의 존재를 알려야 하는 경우를 제외하고는 어떠한 서류도 필요치 않다.

b) 동반자가 유럽 국민이 아닌 경우 다른 나라 시민인 경우

동반자가 유럽 경제공동체 국가가 아닌 제 3국의 국적을 가지고 있는 경우, 법적 효력이 있는 여권과 비자를 필요로 하는 국적의 경우는 단기 비자를 가지고 있어야 한다. 비자는 무료로 발급하지만 동반자가 프랑스 또는 유럽연합회원국 내에서 유럽연합 국민의 가족의 일원의 체류증을 가지고 있는 경우에는

비자가 필요 없다.

이들은 체류하는 국가에서 체류하고 있다는 것을 신고하는 것이 법으로 정해져 있지 않는 한, 체류증과 여권을 가지고 3개월 미만까지 자유롭게 입국하고 머물 수 있다.

프랑스 국민과 그 가족 일원의 내왕할 수 있는 자유는 공공질서나 공익안전 또는 공공위생의 이유로 인해 제약받을 수 있다. 게다가 이들의 체류권리는 체류하는 국가의 사회보장제도에 대해 적합하지 않은 상태인 경우 제약될 수 있다.

### 2) 유럽연합회원국 내에 가족을 정착시키기

유럽회원국이나 유럽경제공동체와 협약한 국가 내에 거주할 수 있는 권리를 갖는 프랑스 국민은 자기 가족의 일원과 함께 거주할 수 있는데 가족의 대상은 다음과 같다 :

- 배우자
- 체류하는 국가의 법에 따라 동반자가 결혼에 해당하는 것으로 간주하는 경우의 등록된 파트너
- 21세 미만이거나 부양해야 할 자녀들(그리고 위에서 언급한 배우자의 자녀나 결혼한 것으로 인정되는 동반자의 자녀들)
- 부양해야 할 직계 존속들(그리고 위에서 언급한 배우자나 결혼한 것으로 인정되는 동반자의 부양 직계 후손들)

  예외 : 학생들은 직계 존속들을 불러들일 자격이 없다.

국적이 어디건 간에 만일 떠나온 국가에서 유럽연합회원국 국민으로부터 부양을 받고 있었거나 심각한 병을 앓고 있어

누군가가 반드시 병간호를 받아야 할 정도로 건강상태가 좋지 않은 경우, 유럽연합의 국민과 혈연관계를 맺은 이 사람은 지속적 관계를 유지하게 된다. 이 사람이 체류할 국가정부는 해당자의 개인적 상황에 대해 심도있게 조사를 하고, 입국이나 체류를 거부하게 되는 경우 이러한 결정에 대한 이유를 명확히 밝혀야 한다.

가족과 합류한 비활동인구(퇴직, 또 다른 비활동 인구, 학생)의 시민은 자신들과 자신들의 가족원들을 위해 체류하는 동안 체류하고자 하는 국가의 사회보장제도와 의료보험에 대한 부담을 주지 않을 정도의 충분한 재산을 보유하고 있어야 한다.

유럽회원국 시민의 가족구성원은 체류증을 소지하지 않아도 되며 일할 권리도 갖게 된다. 3개월 이상 체류를 하게 되는 경우 머물고 있는 국가는 자신의 영토에 도착한 날로부터 3개월 내에 정부로부터 인가 받은 기관으로부터 이를 증명하는 서류를 요구할 수 있다. 이에 필요한 서류들이 준비되면 등록 증명서는 즉시 발부되며, 등록증명서에는 등록 날짜와 더불어 해당자의 이름과 주소 등이 명시되어 있어야 한다.

체류하고자 하는 가족의 구성원이 유럽 경제 회원국이 아닌 제 3국의 국적을 가지고 있는 경우 해당 국가에 3개월이 넘게 체류할 때 의무적으로 체류증을 발급받아야 한다.

"유럽회원국 국민의 가족의 일원"이라는 것이 명시된 이 체류증은 해당 국가에 도착한 날로부터 3개월 안에 신청해야 한다. 이 체류증을 가지고 있으면 일할 권리가 주어진다.

체류증은 필요한 법적 서류가 구비되는 경우 신청일로부터 6개월 내에 발급되며 체류증을 발급받기 전에 증명서는 즉시 받을 수 있다. 이 체류증은 교부된 날로부터 5년간 유효하며 5년 내에 다른 유럽 회원국에서도 똑같이 효력을 발휘한다.

가족구성원은 체류증을 소지하고 있고, 자신이 합류한 프랑스 시민이 체류하고자 하는 국가에서 체류할 권리를 가지고 있는 한 체류할 자격이 있다. 합류한 프랑스 가족이 사망하거나 그 나라를 떠나는 경우, 이혼, 결혼 취소 혹은 결혼과 동일한 자격을 가진 배우자와의 파경 등이 발생할 경우에도 특정한 조건하에 그 나라에 체류할 수 있다.

합법적으로 유럽회원국에서 5년 동안 계속해서 체류한 경우 유럽 국민의 가족구성원들은 이 국가에서 영구 체류할 권리를 얻게 되는데[42] 이 권리는 일을 하거나 돈을 벌 수 있는 것과는 별개의 것이다. 또한 영구 체류할 수 있는 권리는 유럽연합 시민과 함께 5년 동안 합법적으로 체류한 비-유럽 동맹국의 가족구성원에게도 동일하게 적용되고, 해당자는 이 기간 동안에 격리조치를 받지 않았어야 한다. 영구 체류할 수 있는 권리를 획득하고 나면 이 권리는 해당자가 체류하는 유럽 회원국내에서 2년 넘게 살지 않았을 경우를 제외하고는 상실되지 않는다.

---

42) 월급을 받는 노동자 가족구성원이나 경제활동을 하지 않는 그만 둔 사람 역시 5년 동안 체류한 이후에는 특정 조건하에서 영구 체류권을 얻을 수 있다.

유럽공동체 국가의 가족구성원들은 신청서류를 제출한 순간부터 영구 체류할 수 있는 서류를 받는다. 유럽연합회원국 국적을 갖지 않은 가족구성원들은 영구 체류권을 배부 받을 수 있는데 매 10년마다 갱신해야 한다.

### 3) 프랑스에 가족을 체류시키는 경우

유럽회원국의 국민들은 가족의 국적이 어디이건 간에 이들을 동반하거나 합류시킬 권리가 있다. 이 가족구성원들은 다음과 같다.

- 배우자
- 21세 미만이거나 부양해야 할 자녀(또는 배우자의 자녀들)
- 부양해야 할 직계 가족들(또는 배우자의 직계 가족들)

* 주의사항 : 학생들은 자신들의 직계 가족을 데리고 올 권리가 없다.

#### ① 유럽 국민 가족의 체류

프랑스에 거주하길 원하는 가족구성원들은 만일 유럽연합국 국민인 경우 법적 효력이 있는 체류증 또는 여권을 소지하고 있어야 한다.

프랑스에 입국한지 3개월 내에 이들은 자신의 거주지에 있는 시청에 가서 등록하거나 신청해야 한다. 등록 증명서가 바로 발급되는데 해당자가 체류 자격을 입증하는 서류를 원하면 발급받을 수 있다.

임시체류증

5년 이전부터 프랑스에서 정기적으로 거주를 한 성인 가족구성원은 모든 직업활동을 할 수 있다는 표시인 CE를 시청에 가서 신청할 수 있는데 이 증명서는

5년 이내에서 프랑스에 자신과 함께 살고 있는 가족에게도 해당한다. 이 증명서는 무료로 발급된다.

임시체류증은 체류증을 재 발급받거나 새로 신청하는 모든 사람에게 발급된다.

■ 갖추어야 할 서류들

체류증을 신청하기 위해서는 다음과 같은 서류들이 필요하다.

- 법적 효력이 있는 신분증 또는 여권
- 가족관계를 입증할 수 있는 증명서
- 배우자나 동반자의 체류 권리를 입증할 수 있는 증명서(예를 들어 근로계약서)로서 만일 배우자 또는 동반자가 일을 하지 않는 경우에는 자산과 일정한 금액을 보상해 주는 출산보험을 제출해야 한다.

월급을 받는 직업의 경우 새로운 유럽연합회원국 국적을 가진 시민은 직업, 고용관련 전문교육기관(DDTEFP)에서 발급한 노동허가증을 받아야 한다. 그러나 배우자와 21세 미만의 아이 또는 부양해야 할 자녀가 있는 경우, 이들과 같이 살고 있는 사람은 자기 나라가 유럽연합회원국으로 가입한 날로부터 적

어도 1년의 기간에 한해서 프랑스에서 일을 할 수 있다. 게다가 노동부 장관 법령으로 지정된 하기 힘든 62개의 직업에 종사하고 있는 새로운 유럽회원국 국적의 시민은 노동 허가에 대한 간결화된 절차만 밟으면 된다. 이런 직업에 종사하길 원하는 경우 어떠한 제재도 가해지지 않는다.

상황에 따라 신청자는 체류증을 받기 위해 다음과 같은 서류들을 준비해야 한다 :

- 법적 효력이 유효한 신분증이나 여권
- 가족 관계 확인서
- 같이 살고 있는 가족의 체류 권리에 대한 확인서(하고 있는 직업 활동이나 특히 수입확인서)

② 유럽회원국 국민이 아닌 가족의 체류

유럽 회원국이 아닌 제 삼국의 국적을 가진 성인 가족구성원은 체류증을 반드시 가지고 있어야 한다. 체류증 신청은 프랑스에 입국한 지 2달 이내에 시청에서 신청하며 임시체류증이 발급된다. 최대 6개월 기간 내에 해당자는 공공질서에 위협이 되지 않는다는 전제하에 모든 직업 활동을 할 수 있다는 표시가 적힌 증명서를 발급받게 된다. 이 증명서는 5년 한도 내에서 유럽 회원국 시민 또는 그 배우자에게도 똑같은 효력을 발생되며 무료로 배부된다. 갖추어야 할 서류들은 다음과 같다 :

- 프랑스에 입국을 허락한다는 서류들
- 가족 관계를 입증할 수 있는 인증서류
- 가족인 유럽회원국 시민이나 배우자의 체류 권리에 대한 인증서류(예를 들어 임금계약서). 만일 배우자 또는 동반자가 일을 하지 않는 경우에는 자산과 일정한 금액을 보상해 주는 출산보험증을 제출해야 한다.

체류증 갱신은 유효기간이 만료되기 2달 이내에 해야 한다. 특별한 상황이나 조건 하에서 함께 사는 가족이 유럽시민이거나 아니면 제 삼국의 국적을 가지고 있건 간에 개별적으로 체류할 수 있는 권리를 얻게 되는데 예를 들어 같이 살던 유럽 시민권자 가족과 이혼하거나 또는 프랑스를 떠나는 경우 아니면 사망했을 경우가 이에 해당한다.

프랑스 공공질서에 위협이 되지 않는다는 조건하에 5년 동안 법적인 문제없이, 그리고 그 전 5년 동안 거주하고 있던 유럽 시민권자의 가족은 프랑스 영토내에 영주할 수 있는 권리를 갖는다. 제 3국 국적을 가진 가족구성원 또한 프랑스에서 거주한 유럽 시민권자와 함께 동일한 기간과 법적 문제가 없을 경우 동일한 영주 권리를 얻을 수 있다.

5년에 대한 체류 기간은 모든 방법에 의해 입증될 수 있다. 일시적으로 프랑스 영토를 떠난 경우 그 기간이 6개월을 넘어서는 안되지만 군복무 또는 심각한 질병이나 외국에서의 공부 또는 직업적 이유 때문에 12개월 동안 프랑스를 떠난 경우에는 이에 해당되지 않는다. 체류기간의 연장은 격리에 해당하는 모든 조치를 받는 경우 중단된다.

영주권을 한번 취득한 경우 2년 동안 계속해서 프랑스 영토를 떠나 있지 않은 경우를 제외하고는 법적 효력이 유지된다.

봉급을 받는 직업을 원하는 경우 제 삼국 국적의 해당자는 DDTEFP에서 발급된 노동허가증을 가지고 있어야 한다. 그러나 만일 같이 살고 있는 유럽연합회원국 시민권자가 자기 나라가 유럽연합회원국에 가입한 날로부터 1년 동안 프랑스에서 직업을 가지고 있는 경우 이 사람과 같이 살고 있는 배우자나 21살 미만의 자녀 또는 부양해야 할 자녀는 직업 허가증이 없이 일할 수 있다.

체류증을 발부받기 위해서는 시청에 다음과 같은 서류들을 제출해야 한다.

- 프랑스 입국을 허가하는 서류들
- 가족 관계를 입증하는 증명서
- 같이 살고 있는 유럽연합회원국 국적의 가족이나 배우자의 체류 권리를 입증해줄 수 있는 증명서(하고 있는 직업 활동 또는 수입)

국적이 어디이건 간에 근로자의 가족구성원은 앞에서 인용한 5년간의 체류 기간 이전에 프랑스에서의 영주권을 얻을 수 있는데 예를 들어 프랑스에 일하고 있는 근로자가 근로사고 또는 직업병에 걸려 사망했을 경우가 이에 해당한다. 영주권을 획득한 가족구성원의 상황은 자신의 국적에 따라 다르다. 유럽연합 회원국 시민의 경우 모든 직업 활동을 할 수 있다는 표시인

CE 가 적힌 체류증을 시청에서 교부받을 수 있다. 이 체류증은 20년간 유효하며 모든 권리를 가진다. 제 3국 국적을 가진 가족 구성원은 5년 동안 프랑스 땅을 특별한 이유없이 떠나지 않은 경우 기간이 만료되기 2달 전에 체류증을 반드시 신청해야 한다. 이 체류증은 10년간 유효하며 다시 연장하려면 만료 기간 2달 전에 신청해야 한다.[43)]

## 4. 사회보호정책

### 1) 의료보험제도

① 유럽의료보험 카드

유럽의료보험 카드는 유럽 경제공동체 가입국 또는 스위스에 일시적인 체류 기간 동안(방학, 학업, 수습 또는 직업적인 이유로 인한 이동) 체류하고 있는 나라의 사회법과 규칙에 따라 건강에 관한 비용을 보상받을 수 있다. 의학적으로 필요한 데 들어가는 비용만이 보상받을 수 있는데 이는 환자로 하여금 치료를 하기 위해 모국으로 돌아가는 것을 피하게 하고 확실한 의학적 조건하에서 체류 기간을 마칠 수 있도록 하기 위함이다.

유럽의료보험 카드는 유럽 경제공동체 회원국들과 스위스에

43) 특별한 상황이나 조건 하에서 유럽연합회원국의 국적을 가지고 있건 또는 제 삼국의 국적을 가지고 있건 간에, 개인적으로 프랑스에 체류할 수 있는 증명서를 받을 수 있는데 함께 살던 유럽연합회원국 국적의 사람과 이혼하거나 이 사람이 프랑스를 떠났을 경우 아니면 사망했을 경우가 이에 해당한다.

서 동일하며 개별적이다. 가족구성원들은 16세 미만의 아이를 포함하여 각자가 자신의 의료보험 카드를 지녀야 한다. 나라에 따라 카드는 의료보험 조직체에 따라 자동적으로 배부되거나 아니면 신청을 해서 얻게 된다. 따라서 의료보험단체에 가기 전에 먼저 알아봐야 한다.

자신의 유럽의료보험 카드가 없는 경우 환자는 체류하고 있는 나라의 의료비용을 해결해야 한다. 환불을 받기 위해서는 모든 영수증과 돈을 지불했다는 것을 확인해줄 수 있는 서류들을 보관하여 돌아와 자신이 가입했던 의료보험 단체에 제출해야 한다.

유럽회원국 30개 나라와 유럽 경제공동체 사이에는 동등하게 적용되는 보호제도가 있는데 이 제도는 회원국 시민들이 회원국을 내왕을 목적으로 하며, 스위스 역시 이 동등 적용제도가 있다. 의료보험의 경우 예를 들어 같은 사람이 유럽연합회원국과 유럽 경제공동체에서 두 번 가입하는 것을 피할 수 있게 해준다.[44]

• 외국에 근무하는 노동자의 상황

다른 유럽연합회원국에서 일을 하고 있는 프랑스 사회보장제도에 가입한 월급 근로자는 자신이 일을 하고 있는 나라에서 사회의료보험료를 지불해야 한다. 만일 거주하고 있는 나라에

44) 루마니아와 불가리아가 회원국으로 가입하기 전, 2007년 1월 1일 전까지는 프랑스는 루마니아 하고만 사회보장에 대한 양국 협조 조약을 맺고 있었다. 2007년 1월 1일, 2007년 1월 1일부터 이 협약은 더 이상 적용되지 않으며 공동체 협약이 이 조약을 대체한다.

서 의료비를 지불해야 하는 것에 대한 보험의 최소한의 기간이 존재하는 경우, 해당자는 떠나기 전에 의료보험기관에다 E104(보험기간, 직장기간 또는 임신기간 등의 관련된 모든 비용)를 지불했다는 증명서를 제출해야 한다. 체류하고자 하는 나라의 사회 보장제도 체제에 대해 출발 전에 알아두는 것이 유용하다. 외국에서 일을 하는 노동자 가족구성원 역시 체류하고 있던 하지 않건 간에 그 나라의 법에 따라 보험혜택을 받을 수 있다. 만일 프랑스에 계속 체류하는 경우 E 109(거주하고 있는 지역의 기초의료보험기관)를 제출한다.

• 떨어져 있는 노동자의 상황

정해진 기간(1년에 한번 연장이 가능한)에 대해 또 다른 유럽연합회원국에서 프랑스 국적의 월급 근로자가 근무하는 경우 그 회사가 파견근무를 냈을 때 프랑스 사회보장제도에 가입되어 있는 상태에서 환불혜택을 받을 수 있다. 떠나기 전에 해당자는 의료보험기관으로부터 파견허가를 얻고 필요한 서류를 E 101(적용될 수 있는 법률에 관한 증명서를 위해 필요한 절차)에 따라 밟아야 한다. 이 서류는 프랑스 사회보장제도에서 떨어져 나간 봉급 근로자가 계속 혜택을 받을 수 있게 해준다. 게다가, 파견 근무를 하는 봉급 근로자는 유럽 경제공동체 회원국과 스위스로 자신과 함께 이동을 한 자신의 가족(16세 미만의 자녀 포함)을 위해 의료보험기관에다 유럽의료보험증 또는 대체 임시 증명서를 신청할 수 있다.

• 공무원의 경우

일반적의 경우 공무원과 유럽경제공동체 회원국에 거주하고 있는 사람은 회원국의 사회보장제도에 따른다.

• 비활동인구의 경우

회원국 중 다른 나라에 거주하고 있으면서 프랑스 단체로부터 연금을 받고 있는 사람의 경우 프랑스 의료보험에 가입된다. 또 다른 회원국 영토에 거주하거나 이 정부로부터 연금을 받지 않고 있고 의료보험 권리를 지니는 경우 연금지불 의무를 가지고 있는 프랑스 기관에서 발행된 E121을 신청함으로써 혜택을 받을 수 있다.

프랑스에서 보상을 받고 있고 다른 회원국으로 거주지를 옮길 수 있는 실업자는(국가에 따라 3개월에서 6개월 동안) 이 기간 동안 프랑스 사회보장제도의 혜택을 받을 수 있다. 공부를 하고 있는 국가에서 임시적으로 체류하고 있는 것으로 여겨지는 학생들은 프랑스 의료보험제도에 가입해야 한다.

출발이전 이 두 개의 범주의 경우는 유럽의료보험증 또는 임시 대체 증명서를 얻어야 한다. 공동체 회원국에서 추진하는 프로그램 안에 있는 공부(에라스무스, 렝구아..)를 하고 있거나 유럽공동체 회원국에서 공식으로 인정하는 학문의 공부를 하는 학생들은 체류하는 동안 체류국으로부터 사회보장제도의 혜택을 받을 수 있다.

② 프랑스어에서의 의료보험

30개의 유럽회원국과 유럽 경제공동체 회원국 사이에는 사회보호정책의 연계성이 있는데 이는 회원국 시민들의 왕래를 원활히 하기 위한 것이다.

스위스도 이 연계제도에 포함되며, 의료보험의 경우 당사자가 유럽회원국과 유럽경제공동체 회원국에서 두 번 가입하는 것을 피하게 해준다.

프랑스에서 파견 근무를 하고 있는 봉급 근로자나 사업자는 예외없이 프랑스 사회보장제도 기관에 비용을 지불해야 하는데, 노역과 세금에 관한 권리를 받기 위해서는 최소 기간의 보험 등록기간이 의무적이다. 해당자는 떠나기 전에 의료보험기관에다 E 104(보험기간, 직장기간 또는 임신기간 등의 관련된 모든 비용을 지불했다는 증명서)를 제출해야 한다. 이 신청서는 원래 모국에서 작성한 의료보험 기간을 고려한다. 파견된 근로자의 가족구성원 역시 프랑스에서 거주하건 하지 않건 간에 보험 혜택을 받는다. 가족이 다른 국가에 계속해서 머무는 경우 E 109 신청서를 프랑스 근로자 가입보험기관에 요구를 해야 하는데 이는 체류하고 있는 곳의 정부로부터 인증 받은 의료보험기관에 등록할 수 있게 해 준다. 프랑스 의료보험에 가입할 수 있는 권리는 사회보장증명서를 얻을 수 있게 해준다.

프랑스에서 일정기간 동안 파견되어 일하는 근로자는 모국에서 사회보장제도에 가입했으면 프랑스에서도 이 제도의 혜택을 받을 수 있다. 출발하기 전, 파견 근로자는 자신과 함께 프랑스에 거주할 가족을 위해(16세 미만의 자녀 포함) 유럽의료보험증 또는 임시대체 증명서, 아니면 새로운 형식의 E111 신청서를 원래 보험가입기관에 신청해야 한다.

정년퇴직했거나 연금을 받는 사람은 정상적으로 연금을 주는 나라로부터 보험혜택을 받는다. 이들이 프랑스에 거주하고 프랑스로부터 연금을 받고 있지 않은 경우 연금을 지급하는 기관에서 발급된 E121을 통해 의료보험 혜택을 받을 수 있다. 프랑스로 거주지를 옮기는 것이 허용된 실업수당을 받는 실업자(일자리를 찾을 동안의 합당한 기간 동안)는 이 기간 동안 자신의 실업수당을 지불하는 기관에 가입되어 있는 상태이다. 프랑스에서 임시적으로 공부를 하고 있는 학생들은 원칙적으로 모국에서 사회보장제도에 가입되어 있어야 한다. 위 두 가지 경우, 프랑스로 출발하기 이전에 가입기관으로부터 유럽의료보험(또는 임시 대체 증명서)을 발급받아야 한다.

### 2) 수당 지불제도

유럽경제공동체의 시민들은 몇 가지 조건에 따라 양육하고 있는 아이들 명목으로 가족수당을 받을 수 있다. 단 프랑스에 들어와 일자리를 찾는 회원국 시민들의 경우에는 떨어져 사는 부모님의 가족수당을 받을 수 없다.

① 프랑스에 거주하는 가족에 대한 수당 지급

가족이 프랑스에 거주하는 경우 가족수당을 받기 위해서는 프랑스 국적의 사람들과 같은 조건 하에서 조사하게 된다. 이 경우 유럽 시민권자의 자녀들은 프랑스에서 지속적으로 살아야 하는데 자녀들은 가족수당을 수령하도록 지정한 사람(배우자, 동거인)으로부터 양육을 받아야 한다.

유럽 시민권자들은 수당을 받기 위한 특별한 법적 서류를 제출할 필요가 없다. 자신과 자녀가 유럽 경제공동체 회원국 국적을 가지고 있다는 것을 증명하기 위한 체류증 만으로 충분한다. 이들은 프랑스 국민들에게 요구되는 같은 조건을 밟아야 하는데(특히 신분증, 여권 또는 가족수첩) 만일 가족수당을 받을 해당 자녀가 유럽경제공동체 회원국이 아닌 세 3국의 국적을 가지고 있는 경우, 프랑스에 정기적으로 거주하고 있다는 증거(성인 자녀의 경우 체류증)를 제시해야 한다.

② 유럽경제회원국에 거주하고 있는 가족에 대한 가족수당 지불

a) 부부 중 한 사람만이 일을 하거나 연금을 받는 경우

어떤 프랑스 가족수당은 부부 중 한 사람이 프랑스가 아닌 다른 회원국에 체류하고 있는 경우 이 사람에게 지불되며 프랑스에서 일을 하면 프랑스 연금을 받는다. 가족수당은 출생수당, 어린 자녀 돌보기 수당 그리고 주거수당을 제외하고 지불된다. 만일 가족들이 체류하는 국가에서 가족수당을 수령할 수 있는

경우, 그리고 해당하는 수당이 더 높을 때, 차이나는 금액은 지역적으로 받을 수 있다.

b) 배우자 둘 다 일을 하는 경우

만일 배우자 또는 동거자가 가족이 거주하고 있는 국가에서 경제활동을 하는 경우, 가족수당은 법에 따라 지불된다. 만일 체류하고 있는 나라에서 받는 금액이 프랑스 가족수당보다 적으면 그 차액은 프랑스에서 지불한다.

③ 유럽경제 구역에 속하는 나라에서 받은 실업수당을 유지하기

프랑스로 출발하기 전 유럽경제 구역에 속하는 나라에서 실업수당을 지급받았던 유럽 시민권자는 자신이 일한 유럽경제 구역 회원국에서 직업신청자로서 등록이 되어 있어야 하고 최소 4주 동안 실제적으로 직업을 가지려고 노력했다는 것을 입증할 수 있을 때 프랑스에서 최대 3개월 동안 실업수당을 받을 수 있다.

이를 위해서는 유럽경제구역 회원국을 떠나기 전, 해당자는 실업수당을 지불하는 기관에 E303 서류를 신청해야 한다. 이 서류가 없는 경우 해당자는 프랑스에서 직업신청자로 7일 이내의 기간 내에 등록해야 하고 거주지에 있는 Assédic에 가야 한다.

프랑스에서 일을 한 유럽 시민권자가 프랑스에서 실업자가 되었을 경우 NPE에 직업 신청자로 등록을 해야 하며 필요한 조건을 충족시키는 경우 Assédic에서 실업수당을 지불한다. 수

당 지불 계산에 있어서, 다른 유럽경제 구역 회원국에서 이전에 일한 기간이 계산되어질 수 있다. 이를 위해 신청자는 서류 E301을 제출해야 하는데 이 서류는 전에 일한 나라의 실업수당을 지불하는 기관으로부터 받을 수 있다.

프랑스에서 일자리를 구한 배우자나 동거인을 따라가기 위해 사직하는 유럽 시민권자는 몇 가지 조건을 충족시키면 실업수당을 받을 수 있다. 먼저 프랑스에서 적어도 한나절 일을 했고 자신이 일을 했던 국가의 실업수당에 대한 권위 있는 기관으로부터 출발 전에 작성한 E301 서류를 가지고 거주지 지역에 있는 Assédic에 가야 한다.

### 3) 출 산

유럽 경제 회원국 내에서 출산을 하는 경우 두 가지 규칙이 적용된다.

- 산모와 아이는 체류하고 있는 나라에서 돌보게 된다.
- 직장을 그만 두는 것에 따른 보상과 가족수당은 보험을 가입한 나라에서 지급한다.

#### ① 사회복지수당

유럽 경제 회원국 내에서 출산과 관계된 비용 지불은 체류하고 있는 국가나 직장 생활을 하고 있는 나라의 사회보장제도에 따른다. 문제가 발생할 경우, 임신을 한 여인이 거주하고 있는 지역의 사회보장기관에서 담당한다.

② 의료조치

법적으로 인정을 받는 병원에서 임신기간, 출산에 관계되는 의료 조치는 체류하거나 거주하고 있는 나라의 법에 따라 진행된다. 모든 유럽 경제 회원국에서 출산 전 의료 검진은 의무이며 직장생활을 하는 동안에 급료를 받지 못하는 경우가 생겨서는 안 된다.

③ 보상과 과세

출산수당과 일일 보상금이 보험을 가입한 나라의 법 적용에 따라 지불되는데(보통 보험자의 직장이 있는 국가) 이 수당은 일을 중단하게 되는 경우 근로자가 받던 수입보다 적어서는 안 된다. 이런 보상의 대부분은 모든 유럽 경제 회원국에서 실시되는데 단 독일, 아일랜드, 오스트리아 그리고 포르투갈은 제외다. 포르투갈에서 특별휴가 수당은 할아버지-할머니에게 지급되는데 만일 아이의 부모를 이들이 부양하고 있거나 부모가 16세이거나 그 미만의 나이인 경우 손자가 태어난 날로부터 30일 동안 수당을 받는다. 입양의 경우, 덴마크와 스페인, 프랑스 그리고 포르투갈에서는 입양한 부모에게 가족수당을 지급한다.

④ 출산휴가와 근로조건

유럽회원국에서 출산휴가는 최소 14주를 규칙으로 정하고 있다. 이미 태어난 아이, 태어날 아이의 수, 그리고 출산에 따른 다양한 변수에 따라 유럽 경제 회원국의 경우는 14주에서 28주(덴마크)의 출산휴가가 주어진다. 유럽경제회원국 중 어떤 나라들은 아버지에게 휴가가 주어지는데 포르투갈의 경우 5일, 스웨덴의 경우 10일, 아이슬란드의 경우 3달이 주어진다.

직장 시간의 개선은 유럽인의 수준에서 아주 중요한 사항인데 왜냐하면 아이 교육에 대한 의무를 좀 더 잘할 수 있도록 돕기 위한 것이기 때문이다. 그래서 유럽연합위원회의 장관급 회의와 유럽 노사대표 사이의 합의에 따라 아버지의 휴가가 생겨났다.

남자건 여자건 간에 모든 봉급자들은 태어나거나 입양한 아이를 돌보기 위해 최소한 3달의 부모 휴가를 가질 권리가 있다. 이 휴가를 얻기 위해서는 아이의 나이가 8세라는 제한이 있는데 이는 나라에 따라 차이가 있다. 또한 아이가 병이 났거나 사고를 당했을 경우와 같은 가족의 위급상황이 발생할 경우 부모 휴가를 낼 수 있도록 되었는데 기간은 보통 1년 또는 경우에 따라 조금씩 다르다.

직장 안전에 관해서, 각 국가는 임신한 여인이 육체적, 화학 또는 생명공학분야에서 근무하게 되는 경우 발생할 수도 있는 특별한 위험에 대해 고용주, 근로자 그리고 노동조합에게 인지시켜 줘야 한다.

건강에 실제적으로 위험이 발생할 경우 고용주는 노동 조건 또는 근무 시간을 조정하고 근무지를 옮겨주거나 휴식을 취할 수 있도록 해야 한다(노동 권리와 최소한의 임금을 보장하면서). 그리고 유럽 회원국의 직장에서 특별한 경우를 제외하고는 임신한 여인에게 일을 하지 못하게 하는 것이 금지되어 있다는 것을 알아야 한다.

## 5. 유럽연합회원국 내에서 정년퇴직하기

유럽시민은 자신의 전문 경력기간 동안 다른 나라에서 일을 할 수 있다. 또 한 국가에서 오랫동안 근무를 할 수도 있고 유럽연합회원국의 다른 나라에서 정년퇴직을 할 수도 있다. 유럽회원국 내에서의 이런 자유로운 경제활동과 정년퇴직 후의 연금혜택을 받기 위해서는 유럽연합은 27개국 회원국들의 사회보장제도를 공유하고 있는데 아일랜드, 리투아니아, 노르웨이와 스위스로 확장되었다.

### 1) 나이와 명예퇴직

정년퇴직을 하는 법적 나이는 55세에서 67세 사이지만 유럽연합회원국에서 정년퇴직하는 정상적인 나이는 55세부터 67세 사이로 국가마다 조금씩 나이가 있다.[45] 또 어떤 국가에서 정년퇴직을 하는 평균나이는 근로자의 성(남성과 여성)에 따라 차이가 있다.[46]

---

45) 독일(65), 불가리아(60.5), 키프로스(65), 덴마크(65), 스페인(65), 핀란드(65), 프랑스(60), 헝가리(62), 아일랜드(65), 라트비아(60.5), 룩셈부르크(65), 네덜란드(65), 포르투갈(65), 루마니아(59.5), 슬로바키아(62), 스웨덴(65).

이탈리아의 경우 정년퇴직 하는 나이는 남자와 여자가 동등하지만, 57세 또는 65세 사이에 정년퇴직하는 유연성을 보인다. 명예퇴직제도는 아직 유럽연합회원국 내에서 고려되고 있지 않는 정책이다. 그래서 명예퇴직은 또 다른 나라에서 가족수당을 받게 하는데 있어 몇 가지 어려움이 발생할 수 있다.

어떤 사람이 어떤 나라에 적어도 1년 동안 보험가입을 했을 경우, 이 국가에서 정년퇴직할 나이가 되면 노후연금을 받을 수 있다. 유럽연합회원국에서 1년 미만 일을 하였을 경우 또 다른 유럽연합국가에서 몇 개월 동안 일한 것에 대한 돈을 지불하는 것은 그 사람이 마지막으로 일을 했던 나라이다. 따라서 1년 미만 동안 일을 했다고 해서 돈을 받지 못하는 것은 아니다. 정년퇴직은 살고 있는 나라가 어디이건 간에 의료보험금 과 함께 연금을 받을 수 있다.

노후연금을 받기 위해서 정년퇴직자는 자신이 살고 있는 곳의 사회보장기관에 연금을 신청한다. 근로자가 직업 활동을 한 그 나라의 모든 기관과 연락을 취하고 조치를 취하는 것은 사회보장기관이다.

정년퇴직 연금계산은 국가법에 따른다. 근로자가 67세에 정년퇴직을 해야 연금을 받을 수 있는 권리가 있는 나라에서 일을 한 후 60세에 정년퇴직을 했다면 연금을 받을 수 있는 나라에서

46) 오스트리아(65/60), 벨기에(65/63), 불가리아(63/58), 라트비아(63/59.5), 그리스(65/60 또는 65), 몰타(61/60), 폴란드(65/60), 체코공화국(61.5/ 55.8 이나 59.8), 루마니아(62/57), 연합왕국(65/60), 슬로베니아(63/61).

정년퇴직을 한, 이 근로자는 정년퇴직을 한 나라에서 60세까지의 노후연금을 받게 되며 두 번째 나라에서 연금을 받기 위해서는 67세까지 기다려야 한다.

만일 프랑스에서 10년 동안 일을 했고, 이탈리아에서 10년, 그리고 독일에서 20년을 근무했을 경우, 이 세 나라는 근로자가 40년 동안 일을 한 것으로 간주하여 연금을 계산하게 된다. 그래서 근로자는 각 나라에서 실제로 일한 해 만큼에 해당하는 돈의 연금을 받게 된다(프랑스에서 40년분의 10년, 이탈리아에서 40년분의 10년, 그리고 독일에서 40/20에 해당하는 돈).

정년퇴임자는 거주하고 있는 나라의 화폐로 연금을 받는다. 그러나 연금지불기관이 유로화를 사용하는 곳에 속하지 않는 경우, 이 기관이 속해 있는 나라의 화폐로 연금을 지급받는다.

이 때, 은행수수료나 환전 비율에 차이는 연금을 받는 사람의 몫이다.

* 유로화를 사용하는 곳에서, 한 유럽회원국에서 다른 회원국으로의 급료를 보내는 은행수수료는 국제 수수료보다 더 비싸서는 안 된다.

### 2) 사회적 기준에 따른 지불

근로자가 유럽 회원국의 한 국가에서 적어도 1년 동안 일을 하고 이곳에서 정년퇴직을 하였을 경우, 자기 가족과 함께 이 나라에 머물고, 거주지, 의료보험 또는 자녀의 교육 등에 대한 권리를 갖기 위해서는 2년 동안 이 나라에 살아야 한다. 만일 신청자가 이 기간 동안 살지 않으면 권리를 상실하게 된다. 사회적 기준에 관여되는 비용지불과 관계없는 돈은 거주 국가와 연관이 있으며 또 다른 나라로의 이사하면 보류된다(예를 들어 프랑스에서 노후 연대기금의 추가 보조금, 이탈리아의 사회 연금, 벨기에의 노인 수입 보증금).

그러나 거주지의 새 국가는 정년퇴직자가 그 이전에 이 국가에서 일을 한 적이 없다고 하더라고 해당하는 돈을 지불해야 한다. 그래서 65세 이상의 정년퇴직자로서 포르투칼에서 노후 출자 연금 혜택을 받지 못하는 사람이 프랑스에 살기로 결정했다면, 이 받지 못한 연금은 프랑스 연대 제기금의 추가 수당을 받게 된다.

추가 정년퇴직에 있어서 덴마크와 핀란드, 프랑스, 그리스, 영합제국, 그리고 스웨덴의 경우 상호보완제도는 의무적이다. 사회보장제도의 연계시스템에서의 추가적 정년퇴직 연금제도 덕분에 이민 근로자에게는 연금을 받을 수 있는 보장이 된다.[47)]

## 6. 은행과 대출, 그리고 지불

### 1) 은 행

유럽회원국 내에 거주하고 있는 모든 사람은 외국기관이거나 아니거나, 거주 나라에 있건 다른 유럽연합회원국에 있건 간에

47) 예를 들어 프랑스 추가 정년퇴직 연금에 돈을 냈던 사람이 또 다른 회원국에서 정년퇴직을 하였을 경우, 유럽연합회원국을 통해 연금을 받을 수 있다.

상관없이 자신이 선택한 기관에서 은행계좌를 자유롭게 개설할 수 있다. 유럽연합국에서 은행 업무는 손님과 은행원 사이에 타협이 이뤄진다. 고객은 은행을 선택할 수 있고 은행은 고객을 거절할 수 있다.

계좌를 개설하는 형태는 유럽공동체 법규에 얽매이지 않는데 모든 회원국은 자신들의 규정을 가지고 있다. 그러나 유럽연합의 어떠한 나라도 무명계좌를 허용하지 않는데, 신분증, 주소 증명서, 그리고 고객이 은행에서 거부되고 있지 않는지를 확인할 수 있게 해주는 현재 사용하고 있는 은행에서 제공하는 은행 정보 명세서 등을 제시해야 한다. 어떤 은행들은 후에 문서로 된 확인서가 있는 경우 전화로 계좌를 개설해 준다.48)

계좌보상은 각 국가의 법에 따르며 공동체 법에서는 이를 금하거나 강요하지 않는다. 2005년 5월부터, 계좌수당을 금지한 마지막 국가였던 프랑스는 공동체법 판례와 협의하여 프랑스에 있는 은행들은 은행이 원하는 경우 계좌보상을 지급한다. 유럽 회원국에서 일반적으로 적용되는 계좌 보상 비율은 일년에 0.1에서 0.5% 사이이다. 유럽 회원국의 많은 나라들이 수표는 유료인데 프랑스는 무료다.

은행계좌를 개설할 때 주의해야 할 점이 있는데 외국에서 계좌를 개설하거나 사용 또는 닫은 프랑스에 거주하는 사람은

48) 스페인에 머물고 있지 않은 유럽회원국 시민이 이베리아 영토(스페인과 포르투갈) 내에 계좌를 개설하기 위해서는 여기에 거주하지 않는다는 조건을 증명해야 한다. 프랑스에서 이 증명서를 발급하는 곳은 내무부 산하 경찰사무국이다.

프랑스 재정행정국에 수익신고를 의무적으로 해야 하며 그렇지 않으면 처벌을 받는다. 또 다른 회원국 내에서 계좌에 돈을 입금할 때 세금을 낸다. 은행이 파산했을 경우 유럽 강령에 따라 2만 유로의 보상을 받게 된다. 계좌에 있는 돈이 이 돈보다 적다면 보상은 입금액 전체와 같거나 90%까지 보상해 준다.

### 2) 대출과 지불

유럽연합국 내에서 국경을 초월한 어음을 사용하기 위해서는 은행으로부터 은행 신원 명세서에 대해 적혀 있는 IBAN(국제 은행 계좌번호 코드)와 BIC(국제 은행 코드)를 받아야 한다. 유럽연합국 내에서 한 나라에서 다른 나라로 돈을 이전하는 것은 특정 금액 이하의 경우 자유로운데 프랑스 세관은 7600 유로로 정해놓고 있다. 이 금액을 초과하면 자금세탁을 방지하기 위해 세관에 신고해야 한다. 게다가 한 나라에서 다른 나라로의 어음은 6일간의 이전 기간, 이중 수수료 금지, 기간, 수수료에 대한 고객에게 구체적인 정보와 함께 5만 유로 이하의 가치를 이전하는 소비자를 보호하는 강령에 의해 해결된다.

#### ① 국경을 넘어선 대체와 지불에 대한 은행 수수료

2002년 7월 1일부터, 현금자동지급기에서 찾아 쓴 돈, 은행카드를 사용, 그리고 유로로 국경을 넘어서 지불한 경우에 대한 은행 수수료는 유사한 자국에서의 거래에서 발생하는 수수료와 동일하다. 이는 5만 유로까지의 대체 또는 현금자동 지급기에서의 인출, 은행 카드로 지불할 때 모든 유럽 회원국에서 수수료가 동일하게 적용된다. 스웨덴 왕국에서 동일하게 적용되는 반면, 스텔링화(livre sterling)와 덴마크 금·은화(couronne danoise)에서는 동일하게 적용되는 않는다.

수표는 이런 조치에서 제외되는데 왜냐하면 수표는 유럽 회원국 대부분 나라에서 거의 사용되지 않기 때문이다. 가능한 한 수표를 사용하는 것을 권하지 않는데 그 이유는 상인들이 수표를 받지 않으며 은행은 추가 수수료를 떼기 때문이다.

② 다른 유럽회원국내에서 대출 신청하기

유럽연합에서 실제로 조정하는 유일한 대출 유형으로서 3개월 이상의 기간에 200에서 2만 유로를 대출해준다. 대출 계약서에 관해 최소한의 의무사항이 있는데 다음과 같은 것들이 기재되어 있어야 한다.

- TAEG(전체 연간 실제비율)이 언급되어 있어야 한다.
- 대출받는 총금액과 분할 불입의 수와 기간
- 대출금에 대한 추가 비용

게다가 기일전의 환불 방식이 유럽연합회원국내에서 통일되면서 모든 차용자에게도 적용될 수 있다. 반면, 대출 계약서의 내용을 대출받는 사람이 심사숙고할 시간에 대해 어떠한 제한도 하지 않는다. 그러나 프랑스는 이 기간은 7일이다.[49)]

49) 이러한 조치들은 기업 대출에는 적용되지 않는다.

외국에서 직접 백만 유로 이상의 대출을 받은 프랑스 국민은 이 대출금의 매달 상태와 환불의 상태를 프랑스 은행에 통보해야 한다. 원칙적으로 부동산 대출 계약은 돈을 대출해준 기관이 있는 나라의 법에 따르는데 다만 계약자들이 다르게 결정한 경우의 특별한 몇몇 경우는 제외다.[50]

## 7. 보 험

유럽연합의 모든 시민들은 일상생활에서의 모든 위험에 대해 유럽연합국가 중 선택하여 보험에 가입할 권리를 가지고 있다. 유럽연합 사법제도에 따라 보험회사에 대한 한 가지 규칙이 있는데 그것은 보험회사 본사가 있는 유럽연합회원국이 이 회사에게 권리증을 배부함으로써 모든 위험에 대한 보험 서비스를 할 수 있도록 해준다. 따라서 유럽 시민들은 유럽연합 내에 있는 모든 보험회사에 가입할 수 있다.

유럽연합의 소비자는 보험회사의 국적이나 가입신청국이 어디이건 간에 계약서에 사인을 하기 전에 정보에 대한 권리를 가진다(계약에 적용되는 권리에 대한 정보, 보장받을 수 있는 범위, 계약기간, 취소방법 등).

보험계약에 대한 법은 일반적으로 보험가입자가 거주하고 있

---

50) 다른 유럽연합회원국에 세워진 대출 조직체와 함께 부동산 임대계약은 대출자의 거주지가 있는 유럽연합회원국에 존재하는 주거에 대한 사회부조정책의 혜택을 받는 것을 막지 않는다.

는 나라, 보험계약을 한 나라, 사고가 발생한 나라에서 적용된다. 그래서 영국인이 프랑스에서 집을 산 경우, 영국에 있는 보험회사에 가입을 할 수 있는데 단 계약서에 프랑스 법의 의무를 포함하고 있는지를 확인해야 한다. 예를 들어 프랑스 자연재해를 보증해주는지를 확인해야 한다. 또 프랑스에 거주하는 룩셈부르크 사람이 룩셈부르크에서 생명보험을 가입했다면 프랑스 법에 따라 30일의 계약취소 기한 혜택을 받을 수 있다. 단, 단기간 계약의 경우 적용되는 법은 가입한 나라의 법이다.

계약과 관계된 세금은 위험이 발생한 나라의 세금이다(보험가입자가 살고 있는 나라, 자동차 등록이 된 나라, 가입자 재산이 있는 나라).

## 8. 유럽연합회원국에서 공부하기

모든 유럽 학생들은 유럽경제 구역이나 유럽연합회원국에서 공부를 할 수 있다.

프랑스에는 에라스무스나 코메니우스와 같이 학생들을 위한 교육프로그램이나 연수 프로그램을 포함하는 학생교환제도들이 많이 있는데 특히 이 프로그램은 프랑스에 있는 대학에서 1학년을 마친 후 3개월과 1년에 걸쳐 유럽연합회원국 내의 대학에서 공부할 수 있다.

## 소크라테스-에라스무스 프로그램

이것은 학생 교환에 관계된 교육기관으로서 관심이 있는 학생들은 자신의 학교에 설치되어 있는 국제사무소와 접촉하게 된다. 에라스무스의 경우 박사과정을 포함하여 2년간의 학업 후 지원할 수 있다.

에라스무스 프로그램에 따라 다음과 같은 것들이 가능하다.

- 프랑스 장학금을 받는다.
- 거주비용을 조달하기 위해 유럽의 재정지원기관으로부터 혜택을 받는다.
- 학생들의 이주에 관한 장학금 혜택을 받는다.

## 코메니우스 프로그램

고등교육기관에서 최소 리상스 2년 과정에 있거나 외국 언어기관의 학위를 가지고 있는 모든 학생은 대학을 제외한 또 다른 교육기관에서 조교의 자격으로 유럽에서 외국어를 가르칠 수 있다. 관심있는 학생들은 자기가 속한 교육기관의 국제 사무소와 연락하면 된다.

- 신용이전 유럽 체제(Système européen de transfert de crédits : ECTS)

유럽공동체 신용 이전 체제는 유럽의 하나 또는 여러 대학에서 수업을 들을 수 있게 해주는데 이 프로그램에 참가하는 나라들은 다음과 같다.

- 유럽연합 27개 회원
- 유럽경제구역에 조약을 체결한 국가들(아일랜드, 노르웨이, Liechtenstein, 터키).

외국학생들의 경우 상급 교육기관에 등록할 수 있는 다음 두 가지 절차가 있다. 어떤 학생들은 직접 등록할 수도 있고 다른 학생들은 프랑스에 이미 거주하고 있건 아니건 간에 선행되어야 할 등록절차를 밟아야 한다.

### 1) 대학 3, 4학년에 처음 등록

어떤 외국학생들은 프랑스 학생들과 동등하게 선행되어야 할 입학 절차를 거치지 않고 대학 3, 4학년에 등록할 수 있는데 자신이 선택한 대학과 접촉해야 한다. 여러 가지 범주의 학생들이 관련된다.

- 유럽연합회원국 또는 유럽경제구역 국가의 시민
- 프랑스대학 입학시험 자격증, 프랑스-독일대학 입학시험 자격증을 가지고 있거나 국제대학 입학시험 자격증을 소지하거나 아니면 시험면제 허가를 받은 사람
- 국제-대학 협약에 따른 프로그램이나 국가들 사이에 협약에 의해 정해진 프로그램의 틀 속에서 프랑스에서 공부를 하러 온 학생들
- 프랑스에 있는 외교관 자녀들
- 프랑스 정부의 외부 장학생과 국제기관의 장학생, 또는 장학금이 프랑스와 인정한 기관에 의해 운영되는 외국정부 장학생
- 프랑스 기관에 망명 요청을 하거나 무국적 외국인으로서 이 기관 책임자의 의견에 따라 신청자가 이런 자격 혜택을 얻지 못한 경우로서 이 두 경우는 대학은 시험을 치를 수 있다. 후보자가 해당되

는 교육을 이수할 수 있을 정도의 프랑스어 구사능력이 있는지와 후보자가 취득한 나라에서 상급교육의 학위를 취득했는지를 알아본다.

프랑스대학 입학시험 자격증을 소지하고 있지 않고 신청 당시 외국에 거주하고 있는 유럽 시민은 프랑스대학에 첫 번째 등록신청을 했을 대 자신의 거주지와는 상관없이 프랑스에서 원하고자 하는 교육기관에 우선 등록할 권리가 있다.

외국에서 프랑스대학 입학시험 자격증을 취득한 학생들은 국적이 프랑스이건 아니건 그리고 외국에 살고 있건 아니건 간에 특별한 입학허가 없이 블루 도씨에라 불리는 전신절차 방법을 통해 등록해야 한다. 이들은 자신이 선택한 대학에 우선 등록할 권리를 가진다.

### 2) 대학 3, 4학년에 두 번째 등록

이 경우 외국인 학생들은 프랑스 학생들과 동일한 절차를 거친다. 두 번째 등록의 경우 선행되는 입학 절차가 따로 없다. 그러나 후보자의 프랑스어 이해 수준이 하려고 하는 교육과정에 적합한지를 대학에서 결정하는 수가 있다.

### 3) 대학의 박사학위 과정에 등록

원하는 대학에 직접 등록하며 후보자의 언어학적 능력이 고려된다. 준비해야 할 서류의 경우 등록하고자 하는 학교에 직접

문의해야 하는데 그러나 다음의 서류들이 일반적으로 요구된다.

- 프랑스어로 쓰여진 요약된 지원동기 편지
- 프랑스어로 번역된 출생신고서
- 자국에서 취득한 학위를 입증하는 공증서류 복사본과 프랑스 공식 기관에서 인정한 번역본
- 그리고 박사과정에 처음 등록하는 경우 앞선 2년 동안의 총장이 인정한 성적증명서 사본

유럽연합은 시민들이 외국어 수준을 높이고 유럽의 다른 국가에서 일자리를 찾을 수 있도록 하기 위한 공부를 할 수 있도록 배려하고 있다. 이러한 계획을 성취할 수 있도록 돕기 위해 유럽위원회와 회원국들은 장학금을 지급하고 있다. 또한 유럽연합회원국이나 유럽경제구역과 조약을 체결한 국가의 국적을 가진 학생들 그리고 스위스 학생들이 프랑스에서 공부하는 동안 직업 활동을 하길 원하면 노동허가증 없이 일할 수 있다.

## 9. 유럽연합 회원국에서 직장 구하기

모든 유럽 시민권자들은 합당한 기간 동안 프랑스에서 일을 하기 위해 머물 수 있다. 거주에 대한 그 어떤 조건도 없으며 일자리 공급기관은 이들에게 프랑스 국민과 똑같은 조건으로 도움을 준다.

새로 유럽연합에 합류한 국가들(불가리아, 에스토니아, 헝가

리, 리투아니아, 폴란드, 루마니아, 슬로바키아, 슬로베니아, 체코)의 근로자들도 프랑스 노동시장에서 일자리를 찾을 수 있다. 만일 2007년 1월 1일 조약 이전에 프랑스로 이주해 오지 않은 경우 이들의 자유왕래가 적용되지 않으며 따라서 프랑스에서 직업을 구할 수 없다. 2006년 5월 1일부터 노동부 장관 이름의 법령 목록에 들어있는 7개의 큰 분야에 속한 62개 직업에 대해 근로허가를 얻을 수 있다.

- 건물건축업과 공익사업
- 호텔, 식당과 식료품업
- 농업
- 기계, 금속작업과 다양한 산업
- 컴퓨터 산업
- 무역과 판매
- 미화산업

직업을 찾는 유럽 시민은 거주지에 위치하고 있는 인정받는 프랑스 기관에 직업신청서를 등록해야 한다. 유럽경제구역에 가입한 국가에서 이전에 일을 하고 수당을 받지 못한 사람이 직업을 찾는 경우 특정한 조건하에 프랑스에서 실업수당을 받을 수 있다. 프랑스로 오기 전 일을 했던 나라의 인정받는 기관에서 E301을 신청해야 한다. 이 신청서는 실업수당의 계산을 위해 해당되는 기간을 상세히 기록하게 되어 있으며 프랑스에서 직업을 잃었을 경우에도 마찬가지로 유용하다. 만일 신청자가 이 서류를 가지고 있지 않으면, 거의 거주 지역에 있는 Assédic에서 이 신청을 할 수 있다.

수당을 받기 위해서는 유럽경제구역에 해당하는 또 다른 나라에서 일한 기간이 권리를 발휘하기 위해 해당되는 사람이 프랑스에서 적어도 하루 동안 직업을 가지고 있어야 한다. 사실 실업수당을 지급하는 곳은 해당자가 일을 했던 마지막 나라이다.

프랑스 시민권자는 유럽연합의 어떤 나라나 유럽경제구역에 합의한 다른 국가에서 직업을 구하기 위해 적당한 기간 동안 임시적으로 체류할 수 있다. 직업을 계속 찾고 있고 실제로 찾을 가능성이 있다는 것을 입증할 수 있는 한 그 어떠한 제재도 받지 않는다.

프랑스 근로자는 일자리를 찾는 새로운 나라에서 프랑스에서 지급되었던 실업수당을 계속해서 받을 수 있다. 이를 위해서는 출발 전에 ANPE에 등록해야 하며 적어도 4주 동안 실제로 일자리를 구했어야 한다.

직업을 찾으려는 새로운 국가에서 실업수당을 받기 위해서는 권위 있는 Assédic에 미리 알리고 E 303 서류를 요구해야 한다. 이 서류를 가지고 7일 이내에 해당되는 나라의 직업소개소에 등록해야 한다. 실업수당의 총액은 새로운 나라에서 최대 3개월 동안 지급된다. 만일 직업을 구하지 못했을 경우, 실업수당을 계속해서 받으려면 프랑스로 돌아와 3개월 이내에 Assédic에 재등록해야 한다.

## <Bibliographies>

Angel, Benjamin, L'Union économique et monétaire : manuel général, Paris : Ellipses, 2006.

Barthe, Marie-Annick, Economie de l'Union européenne : manuel, Paris : Economica, 2006.

Beauchesne, Bénédicte, La construction européenne. : de l'Antiquité à nos jours Paris : Ellipses, 2006.

Bernard Joniot, L'Europe en chantier vers sa pérennité paisible, Nice, éd. Bénévent, 2005.

Catherine Guisan, Un sens à l'Europe : gagner la paix, 1950-2003, Paris, Odile Jacob, 2003.

Chaltiel, Florence, Le processus de décision dans l'Union européenne. —Paris : la Documentation française, 2006.

Didier Blanc, L'Union européenne, Paris, Ellipses, 2006.

Doutriaux, Yves, Les institutions de l'Union européenne / Yves Doutriaux, Christian Lequesne. —6e éd. —Paris : La Documentation française, 2007.

Druesne, Gérard, Droit de l'Union Européenne et politiques communautaires, Paris : PUF, 2006.

Echkenazi, José, Guide de l'Union européenne 2007-2008. Paris : Nathan, 2007.

Fabrice Layer, La gouvernance économique de l'"Europe, Paris, éd. L'Harmattan, Gauthier, André, La construction européenne : étapes et enjeux, Bréal, 2003.

Guy Raimbault, Le dictionnaire de l'Union européenne : l'Union européenne face aux grands problèmes du moment : Union monétaire et introduction de la monnaie unique, Europe politique, de la défense et de la sécurité, Paris, Ellipses, 2000(3e éd.).

Jean-Louis Burban, Le Parlement européen, Paris, Presses universitaires de France, 1998(7e éd.).

Jean-Pierre Patat, Histoire de l'Europe monétaire, Paris, la Découverte, 2005(4e éd.).

Le Mire, Pierre, Droit de l'Union européenne et politiques communes, Paris : Dalloz, 2005.

Michel Foucher, La République européenne. Entre histoires et géographies, Paris, Belin, 1999,

Moussis, Nicolas, Guide des politiques de l'Europe, Paris, Mols, 2006.

Nicolas Moussis, Guide des politiques de l'Europe – 8e édition, Bruxelles, éd.

Olivi, Bino et Giacone, Alessandro, L'Europe difficile : histoire politique de la construction européenne, Paris, Gallimard(3e édition), 2007.

Olivier Favry, Tout savoir sur l'Europe : glossaire de l'Union européenne, Paris, Ellipses, 2005.

Pierre Beckouche, Yann Richard, Atlas d'une nouvelle Europe, Autrement, Paris, 2005,(ISBN 2-7467-0780-2) Mols, 2006.

Pierre Gerbet, La construction de l'Europe, Paris, Imprimerie nationale, 1999(3e)

Robert Toulemon, Aimer l'Europe, Paris, Lignes de repères, 2007

Roth, François, L'invention de l'Europe : De l'Europe de Jean Monnet à l'Union européenne Paris : A. Colin, 2005. – 203 p. ; 21 cm.

Simon, Denys, Le système juridique communautaire, Paris : PUF, 2001.

Yves Déloye(dir.), Dictionnaire des élections européennes, Paris, Économica, 2005.

# 찾아보기

저 자　정일영

인하대 불어불문학과 졸업
프랑스 파리 8대학 대학원 졸업
프랑스 파리 8대학 박사준비과정 수료
언어학 박사학위 취득

현 재　인하대학교 출강, 충북대학교 출강
EBS 수능 프랑스어 강의

저 서　디지털로 배우는 프랑스어 회화
(Rendez-vous avec la français, Pentacord)
대학 프랑스어 회화
DELF A1, DELF A2, DELF B1
DELF A1-Junior, DELF A2-Junior
기초 프랑스어
생활속의 프랑스어 회화
프랑스어 문법(공저)
프랑스어 말소리 갈(공저)
오르세 미술관, 루브르 박물관 외 다수

# 유럽연합의 이해

1판 1쇄 찍음 • 2008년 3월 1일
1판 1쇄 펴냄 • 2008년 3월 10일

저 자 • 정 일 영
발행인 • 정 현 걸
발 행 • 신 아 사
인 쇄 • 소망인쇄

출판등록 • 1956년 1월 5일(제9-52호)
서울특별시 은평구 녹번동 28-36 2F
전화(02)382-6411 • 팩스(02)382-6401
홈페이지 • www.shinasa.co.kr
E-mail • shinasa@chol.com

* 저자와의 협의로 인지를 생략함

ISBN 978-89-8396-597-4

정가 *11,000*원